Mediation

Katja Ihde

Inhalt

Was kann Mediation leisten?   5
- Wann wir von einem Konflikt sprechen   6
- Warum wir Konflikte lösen müssen   9
- Was Mediation ist und wo sie angewendet werden kann   16
- 10 gute Gründe für Mediation   21

Wie läuft eine Mediation ab?   25
- Mediation – ein strukturiertes Verfahren   26
- Die wichtigsten Prinzipien   45
- Die wichtigsten Verhaltensregeln   54
- Wo Mediation an Grenzen stößt   62

Mediation in Unternehmen und Organisationen   69
- Was ist Wirtschaftsmediation?   70
- Typische Konfliktfelder   72
- Vorteile für Unternehmen und Mitarbeiter   73
- Besonderheiten der Wirtschaftsmediation   75

Aufgaben und Kompetenzen des Mediators   85
- Alternativen der Konfliktbearbeitung bedenken   86
- Das Verfahren strukturieren und leiten   91
- Kommunikative Kompetenzen   93
- Psychologische Kompetenzen   101

Rechtliche Grundlagen   109
- Das Mediationsgesetz   110
- Das Berufsbild des Mediators   111
- Wichtige rechtliche Aspekte für den Mediator   113

- Beispiel für einen Mediationsvertrag   117
- Wichtige Ansprechpartner   122
- Stichwortverzeichnis   123

Vorwort

Mediation, also die Vermittlung in einem Konflikt, ist mehr denn je in aller Munde. Gerade in jüngster Zeit wächst die Erkenntnis, dass sie in vielen Fällen als alternatives Instrument zur Konfliktlösung der richtige Weg ist, um gemeinsam interessenorientierte Lösungen zu finden. Sie wird sich zukünftig als neue Form der Streitkultur in Deutschland etablieren.

Mediation bietet die Chance zur Veränderung und schafft neue Erkenntnisse. Vor allem aber macht sie es möglich, gemeinsam mit dem Konfliktpartner ein zukunftsfähiges Ergebnis im Konfliktfall zu erarbeiten.

Dieser TaschenGuide soll Sie ermutigen, den Weg der Mediation zu wählen. Er zeigt Ihnen, wann Konflikte für eine Mediation geeignet sind, in welchen Feldern das Verfahren angewandt werden kann und was eine gute Mediation ausmacht. Sie erfahren, wodurch sich ein kompetenter Mediator auszeichnet und welche Auswirkungen das neue Mediationsgesetz haben wird. Viele Beispiele und Übersichten erleichtern den Einstieg in die Mediationspraxis.

Ich wünsche Ihnen viel Spaß beim Lesen!

Katja Ihde

Was kann Mediation leisten?

Mediation als Vermittlung in einem Konflikt ist in Deutschland ein noch relativ unbekanntes Verfahren.

In diesem Kapitel lesen Sie,

- was ein Konflikt ist und warum man ihn lösen sollte,
- was Mediation ist und wo sie zum Einsatz kommt,
- welche guten Gründe für eine Mediation sprechen.

Wann wir von einem Konflikt sprechen

Konflikte gehören zu unserem Alltag. Überall dort, wo Menschen mit unterschiedlichen Werten, Ansichten, Zielen, Moral- und Gerechtigkeitsvorstellungen, Erwartungen und Potenzialen aufeinander treffen, entstehen Konflikte. Ob wir als Kollegen bzw. als Mitarbeiter und Vorgesetzte miteinander arbeiten, ob wir Verträge miteinander geschlossen haben, nebeneinander wohnen oder als Familie oder Lebenspartner den Alltag bestreiten, ob wir Mieter oder Patient sind, schulpflichtige Kinder haben oder vom Ausbau einer Autobahn oder Gasleitung betroffen sind: Überall dort, wo Menschen leben und arbeiten, soziale Bindungen eingehen oder Verträge schließen, kommt es zu Konflikten.

Nach den gängigsten Definitionen ist ein Konflikt eine tatsächlich vorliegende oder auch nur empfundene Unvereinbarkeit im Denken, Vorstellen, Wahrnehmen, Fühlen, Wollen oder Handeln von zwei oder mehr Parteien. Diese Parteien können Personen, Organisationen oder Gruppen sein, von denen mindestens eine Partei diese Unvereinbarkeit empfinden muss. Die Frage ist: Wie gehen wir mit diesen Konflikten um? Wie lösen wir sie? Müssen wir sie überhaupt lösen?

Wie sich Konflikte unterscheiden

Um Konflikte besser zu verstehen, ist es hilfreich, grundsätzlich zwischen intrapersonalen und interpersonalen Konflikten zu unterscheiden. Intrapersonale Konflikte spielen sich in einer Person selber ab, d.h., man ist im Zweifel oder unsicher hinsichtlich einer Entscheidung. Möglich ist auch, dass ein Konflikt in der Vergangenheit liegt und durch die Person noch nicht verarbeitet wurde. Häufig werden solche inneren Konflikte auf andere übertragen. Aus einem intrapersonalen wird ein interpersonaler Konflikt. Bei diesem handelt es sich um Differenzen zwischen zwei oder mehr Personen.

Die Sachebene: Wenn Konflikte offen zutage treten

Konflikte können außerdem auf der Sach- und der Beziehungsebene stattfinden. Als Konflikte auf der Sachebene werden alle Konflikte bezeichnet, die sichtbar sind, die sich über der „Wasseroberfläche" abspielen und die klar benennbar sind. Es existieren entgegengesetzte Meinungen, die jedoch auf die Sache bezogen sind. Sie lassen sich folgendermaßen einteilen.

Konflikte auf Sachebene	Woran sie zu erkennen sind
Zielkonflikte	Die Parteien sind sich uneins über das zu erreichende Ziel.
Methodenkonflikte	Es ist strittig, mit welchen Methoden oder nach welchen Regeln ein Ziel erreicht werden soll.
Strukturkonflikte	Es gibt Unstimmigkeiten in der Struktur einer Organisation oder eines Projektes.
Verteilungskonflikte	Sie stellen sich dort ein, wo Ressourcen knapp und begehrt sind.

Beispiel:

In einem Unternehmen geht es um die Budgetaufteilung zwischen der Produktions- und der Marketingabteilung. Jede Abteilung ist der Auffassung, sie leiste den „wertvolleren" Beitrag zum Unternehmenserfolg, und beansprucht daher auch den größeren Anteil vom Budget.

Da es in diesem Beispiel um die Aufteilung der Ressource „Geld" geht, haben wir es oberflächlich gesehen mit einem typischen Verteilungskonflikt auf der Sachebene zu tun.

Die Beziehungsebene: Wenn es tief unten brodelt

Unter der Sachebene lauern häufig Konflikte auf der Beziehungsebene. Diese sind zunächst unsichtbar und liegen im Verborgenen; sie überlagern den Sachkonflikt jedoch typischerweise. Die zugrundeliegende Beziehungsstörung erscheint getarnt als Sachkonflikt – es besteht deshalb die Gefahr, an der falschen Ursache zu arbeiten. Um den Konflikt zu lösen, ist es notwendig, auch die Tiefenstruktur des Konflikts herauszuarbeiten und zu erkennen, wo es tatsächlich brodelt.

Beispiel:

Für das obige Beispiel bedeutet dies: Den Beteiligten geht es zwar offiziell um die Aufteilung des Budgets, aber unter dem Anspruch auf das „Mehr vom Kuchen" lauern Interessen und Bedürfnisse, hier eventuell das Bedürfnis nach Gerechtigkeit, Gleichbehandlung, Anerkennung oder auch fairer Bezahlung.

Auf der Beziehungsebene geht es um Beziehungen, Werte, Rollen, Interessen, Bedürfnisse, Gefühle und Ängste.

Beispiel:

> Ein Ehepaar auf dem Land hat einen Hof zu vererben. Die beiden haben vier gemeinsame Kinder und sind sich uneins, wie das Erbe richtig aufzuteilen ist. Dieser Fall ist zunächst ein Sachkonflikt, denn über der „Wasseroberfläche" geht es um die Verteilung von Besitz. Hinter dem vermeintlichen Sachkonflikt bestimmen jedoch viele zunächst unsichtbare Aspekte den Konflikt: So spielen Traditionen eine Rolle (der älteste Sohn bekommt den Hof), Werte (der Hof soll weitergeführt werden, also bekommt ihn der, der auch Landwirt ist), Gefühle (Dankbarkeit gegenüber der pflegenden Tochter), Fairnessaspekte (sollen nicht alle das Gleiche bekommen?).

Dieses Beispiel verdeutlicht, dass sich eine Lösung des Konflikts an vielen Kriterien messen lassen muss, wenn z.B. Gerechtigkeit für den einen die Fortsetzung der Tradition bedeutet und für den anderen die Gleichbehandlung aller Kinder. Um einen Konflikt bearbeiten zu können, ist es deshalb notwendig, auf die tiefer liegende Beziehungsebene zu schauen. Nur hier spielen sich die wahren Beweggründe, Motive und Emotionen der Beteiligten ab. Ohne diese zu erkennen und zu bearbeiten, werden in der Mehrzahl der Fälle keine nachhaltigen und belastbaren Lösungen gefunden werden.

Warum wir Konflikte lösen müssen

Konflikte gehören zu unserem Alltag. Gleichzeitig jedoch bleiben sie oft unbearbeitet und damit ungelöst. Das Risiko ungelöster Konflikte liegt in ihrer Eskalation: Die Kommunikation untereinander wird zunehmend unklarer, die Probleme werden größer und unübersichtlicher, die Beteiligten beginnen sich zu meiden oder zu provozieren. So bekommt der

Konflikt eine neue Dimension, geht tiefer und endet schließlich in einer Sackgasse. Gerade wenn die Beteiligten eine gemeinsame Lösung brauchen, ist die Ausblendung des Konflikts oftmals die schlechteste aller Möglichkeiten.

Warum scheuen wir die Konfliktaustragung?

Konflikte bleiben aus vielen Gründen ungelöst. Mögliche Aspekte können sein:

- Angst vor der Emotionalität, die bei der Bearbeitung von Konflikten eine Rolle spielen kann,
- Angst vor Macht- und Kontrollverlust, d. h. nicht zu wissen, was dann passiert,
- Angst, sich selber angreifbar zu machen,
- fehlendes Know-how im Umgang mit Konflikten,
- die Annahme, eine Führungskraft müsse für Ordnung in ihrem Bereich sorgen, sonst sei sie keine gute Führungskraft,
- die Annahme, Konflikte seien ein Zeichen von Schwäche.

All dies kann dazu führen, dass ein Konflikt als solcher nicht erkannt bzw. nicht bearbeitet wird.

Beispiel:

Der Chef der Abteilung sieht, dass seine Mitarbeiter die Rauch- und Mittagspausen deutlich überziehen. Er scheut sich jedoch, diesen Umstand anzusprechen, da er die Erfahrung gemacht hat, dass kritisierte Mitarbeiter mit Krankschreibung drohen. Er belässt die Situation daher, wie sie ist.

Möglichkeiten der Konfliktaustragung

Konflikte können destruktiv oder konstruktiv gelöst werden. Destruktiv, also zerstörerisch, endet die Konfliktaustragung, wenn die Parteien sich immer weiter von der Sache entfernen, während die jeweils andere Person mehr und mehr als das eigentliche Problem angesehen wird. Behandelt man den Konflikt derart destruktiv, gibt es auf beiden Seiten entweder nur Verlierer oder eine Gewinner-Verlierer-Konstellation. Gelöst wird der Konflikt dadurch nicht. Vorteilhafter für beide Seiten ist die konstruktive Konfliktaustragung. Hier steht die Erarbeitung einer Lösung im Vordergrund, mit der beide Seiten leben können. Die Konfliktparteien verstehen sich nicht als Gegner, sondern als Partner. Mediation ist ein Instrument der konstruktiven Konfliktaustragung.

Art der Konfliktaustragung	Annahme	Folgen
destruktiv	Der andere ist der Gegner.	Win-lose-Situation: Nur einer gewinnt. Oder: Lose-lose-Situation: Beide verlieren.
konstruktiv	Der andere ist Konfliktpartner.	Win-win-Situation: Beide gewinnen.

Viel zu häufig wird die Lösung eines Konflikts in Deutschland an Dritte delegiert. Das können Anwälte, Richter, Gutachter, Schiedsrichter oder auch Schlichter sein, die den Konflikt für die Beteiligten lösen sollen.

> Jedes Jahr werden 2,5 Mio. Klagen bei Zivilgerichten eingereicht, hinzu kommen 1,2 Mio. Klagen bei Arbeits- und Sozialgerichten sowie Verwaltungs- und Finanzgerichten.

Im Ergebnis vergeben sich die Beteiligten dadurch oftmals die Chance, selbst nach einer Lösung zu suchen, die ihren eigenen individuellen Interessen und Bedürfnissen entspricht. Stattdessen binden sie sich an ein fremdbestimmtes Ergebnis, bei dem es in der Regel mindestens einen Verlierer gibt.

Wo Mediation einsetzt

Entscheidend für den bei der Konfliktaustragung einzuschlagenden Weg ist die Stufe, auf der sich der Konflikt befindet. Ein gangbares Modell der Konflikteskalationsstufen liefert der Ökonom und Konfliktforscher Friedrich Glasl. Er beschreibt in seinem Stufenmodell die Entwicklung eines Konflikts über neun Stufen.

Wie sich Konflikte entwickeln

Danach eskaliert der Konflikt von Stufe zu Stufe und endet, nachdem er auf der Stufe 1 mit zwischenmenschlichen Spannungen begann, auf Stufe 9 mit Gewalt und dem gemeinsamen Streben der Konfliktpartner in Richtung Abgrund. Glasl unterteilt die neun Stufen in drei Ebenen (siehe auch die folgende Abbildung):

1 **Auf der ersten Ebene** (Stufe 1 bis 3) streben die Beteiligten noch nach einem Ergebnis, das allen einen Gewinn zubilligt (Win-win-Situation).

2 **Auf der zweiten Ebene** strebt die einzelne Konfliktpartei schon einseitig nach einem Sieg und nimmt den Verlust des Konfliktpartners billigend in Kauf (Win-lose-Situation).

3 **Auf der dritten Ebene** geht es allen Beteiligten nicht mehr um eine einvernehmliche Lösung oder einen eigenen Sieg, sondern nur noch darum, dem anderen größere Verluste zuzufügen als man selber erlitten hat (Lose-lose-Situation).

Mediation greift in der zweiten Ebene

Legt man das oben beschriebene Modell zugrunde, setzt Mediation auf der Ebene ein, in der sich die Konfliktbeteiligten hinter ihren Positionen, Wertungen und Glaubenssätzen verschanzt haben und meinen, ihre Sichtweise sei die einzig wahre, also auf der zweiten Ebene.

In allen Konflikten, die geprägt sind von einseitiger Interessendurchsetzung, kann es hilfreich sein, mit Hilfe einer Mediation herauszufinden, ob sich nicht doch Lösungswege aufzeigen, die den Interessen aller Beteiligten gerecht werden. Mediation als ein Verfahren zur Vermittlung im Konflikt, dem Ziel verpflichtet, konstruktiv nach einer einvernehmlichen Lösung zwischen den Beteiligten zu suchen, ist hier eine echte Alternative zur Eskalation oder zum Gang vor Gericht.

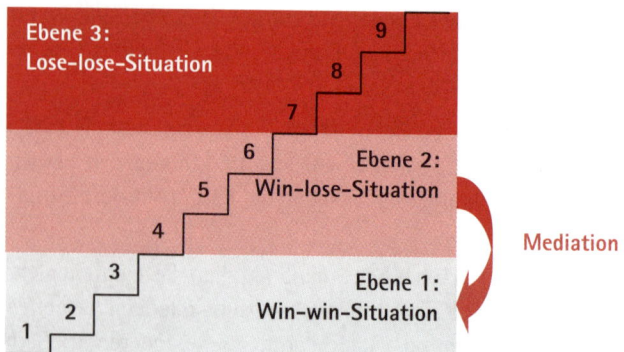

Wo Mediation einsetzt: Stufen und Ebenen eines Konflikts

Beispiel:

 In einer Teambesprechung wird ein neues Projekt angekündigt. Die Teamleiterin fragt, wer die Verantwortung übernehmen möchte. Es melden sich zwei Mitarbeiterinnen. Die Vorgesetzte bedankt sich für das Engagement und überträgt die Aufgabe an die Mitarbeiterin, die sie aufgrund ihrer Fachkompetenz für die geeignetere hält. Kurze Zeit später wird das Klima im Team kühler, Grüppchen bilden sich und es wird nicht mehr mit-, sondern gegeneinander gearbeitet. Niemand kann sich erklären, warum Projekte verzögert werden, es keine gemeinsamen Pausengespräche mehr gibt und die Weihnachtsfeier mangels Anmeldungen abgesagt werden muss.

Als es in einem Projekt wieder zu Störungen in der Kommunikation und im Ablauf kommt, ruft die Teamleiterin nach einem Mediator. In der Mediation kommt die Sprache auf das zurückliegende Projekt. Es wird deutlich, dass sich die nicht berufene Mitarbeiterin seitdem nicht wertgeschätzt und in ihrer Fachkompetenz nicht anerkannt fühlt. Sie suchte in der Vergangenheit daher nach Verbündeten gegen die andere. Diese wiederum fühlte sich nicht genügend unterstützt und ließ ebenfalls kein gutes Haar an der Kollegin. All das trug maßgeblich zur Entwicklung des Konflikts bei. In der Mediation konnten diese Aspekte ans Tageslicht geholt und besprochen werden mit dem Ergebnis, dass jede der Beteiligten Verständnis für die Sichtweise der anderen aufbrachte. Es wurden Vereinbarungen getroffen, wie zukünftig mit der Aufgabenverteilung bei neuen Projekten umgegangen wird.

Es gilt zu erkennen, ob der Konflikt schon oder noch mediationsgeeignet ist. Dies ist die Aufgabe des Mediators. Er muss sich ein umfangreiches Bild vom Konflikt verschaffen und entscheiden, ob eine Mediation in Frage kommt. Darüber hinaus überprüft er, ob die Beteiligten die notwendige Konfliktlösungsmotivation mitbringen. Diese ist eine unabdingbare Voraussetzung. Die Konfliktparteien müssen bereit sein, nach einer sogenannten Win-win-Lösung zu suchen, d.h. auf ein Ergebnis hinzuarbeiten, das sowohl den eigenen Interessen und Bedürfnissen gerecht wird als auch denen des anderen.

Ist der Konflikt so weit eskaliert, dass es nur noch um die „Vernichtung" des anderen geht und um diesen Preis auch die eigene Niederlage einkalkuliert wird, fehlt es an der unabdingbaren Motivation zur Konfliktlösung. Die Mediation hat dann als Verfahren eine Grenze erreicht.

Konflikte als Chance wahrnehmen

In jedem Konflikt liegt die Chance,

- nicht stehenzubleiben,
- Probleme zu erkennen und abzustellen,
- mehr über sich selber zu erfahren,
- Veränderungsprozesse zu initiieren,

- neue Lösungen zu generieren,
- klare Verhältnisse zu schaffen.

Mediation hilft dabei, diese Chancen zu nutzen und sich rechtzeitig um den Konflikt zu kümmern, bevor er eskaliert.

Was Mediation ist und wo sie angewendet werden kann

Beispiel:

Lisa und Bernd verstehen sich nicht mehr. Ihnen ist klar, dass sie nicht mehr zusammenleben können. Die Klärung, wer in der gemeinsamen Wohnung bleiben darf und wer die Tochter zu sich nimmt, endete bisher immer in gegenseitigen Schuldvorwürfen. Sie suchen daher Rat bei einem Mediator.

Mediation ist ein freiwilliges Verfahren zur außergerichtlichen Beilegung von Konflikten. Mit einem Mediationsverfahren können Konflikte konstruktiv bearbeitet und deeskaliert werden, damit beide Parteien als Gewinner aus dem Verfahren hervorgehen. Die streitenden Parteien (die sogenannten Medianden) sollen durch Vermittlung eines neutralen und allparteilichen Dritten – des Mediators – darin unterstützt werden, selbst Problemlösungen zu entwickeln, die von allen Beteiligten akzeptiert werden. Dabei handelt es sich nicht um eine Konfliktlösung im Sinne einer Konfliktentscheidung. Mediation ist also kein Schiedsgerichtsverfahren mit einem Entscheider. Vielmehr suchen die Parteien gemeinsam nach einer Lösung im Sinne eines Konsenses. Hierbei werden sie vom Mediator als unbeteiligtem Dritten unterstützt.

Im Rahmen einer Mediation werden vordergründig die interpersonalen Konflikte bearbeitet, d.h. jene, welche sichtbar und auf der Sachebene benennbar sind. Ziel der Mediation ist es jedoch auch, die tiefer liegenden Ängste, Beweggründe und Motivationen herauszufinden und zu bearbeiten.

Beispiel:

 Der Mediator bespricht mit Lisa und Bernd auch deren Ängste, z.B. davor, wie sich der Kontakt zur gemeinsamen Tochter nach der Trennung entwickeln wird oder wie es ist, wenn einer von beiden einen neuen Partner kennenlernt. Auch die Ungewissheit, ob sich die gewohnte Lebensqualität für alle Beteiligten aufrechterhalten lässt, kommt zur Sprache.

Überlagert jedoch der intrapersonale Konflikt eines Beteiligten den interpersonellen Konflikt, d.h. geht es primär um Persönlichkeitsprobleme, so ist eine Grenze der Mediation erreicht und es sollte die Möglichkeit einer Therapie erwogen werden.

Die Vorteile des Verfahrens liegen auf der Hand: Der Mediator ist nicht an strenge Verfahrens- und Beweisregeln gebunden. Es kann eine Gesamtlösung für alle zwischen den Parteien bestehenden Interessenkonflikte gefunden werden.

Wie Mediation entstand

Seit den 1970er-Jahren wird in den USA Mediation praktiziert. Sie ist Bestandteil der ADR-Verfahren (Alternative Dispute Resolution). Diesen Alternativen Konfliktlösungsverfahren ist gemeinsam, dass zur Streitbeilegung auf die Entscheidung von Richtern oder Schiedsrichtern verzichtet wird.

Das Mediationsverfahren hat seine Wurzeln vor allem in Familienkonflikten und bei Arbeitskämpfen. Schon viel früher jedoch hatte sich die Mediation im völkerrechtlichen Bereich entwickelt. Dort wurde zwischen verfeindeten Parteien durch neutrale Dritte ohne Entscheidungsbefugnis vermittelt.

Seit den 1990er-Jahren wird die Mediation auch in Deutschland vermehrt praktiziert, ohne bislang eine so große Bedeutung wie in den USA, Großbritannien oder Australien erlangt zu haben. Dort ist sie fester Bestandteil des Prozessrechts. Für viele Gerichtsverfahren ist in diesen Ländern vorgeschrieben, dass die streitenden Parteien zunächst ein Mediationsverfahren durchführen müssen, bevor der Weg zu den staatlichen Gerichten zulässig ist.

Mediation in Deutschland

In nahezu allen deutschen Bundesländern wurden seit 2002 Modellprojekte gerichtsinterner Mediation etabliert. Beispielhaft sei das Modellprojekt „Gerichtsnahe Mediation in Niedersachsen" hervorgehoben. Hierbei untersuchen Richter nach Klageerhebung bislang, ob sich die Fälle auch für eine Mediation eignen. Sie sollen danach möglichst nicht streitig durch Urteil entschieden, sondern bei Einverständnis der Parteien mit Hilfe eines Richtermediators oder eines externen Mediators im Mediationsverfahren beigelegt werden. Alternativ hierzu gibt es Überlegungen, mediationsgeeignete Verfahren in ein erweitertes Güterichterkonzept zu überführen.

Zwischenzeitlich lässt sich ein stärker werdendes Interesse an Mediation verzeichnen. Die Entwicklungen der letzten Jahre legen den Schluss nahe, dass sich Mediation als alternatives Konfliktlösungsinstrument etabliert und vermehrt auch in bislang unbeachteten Konfliktfeldern eingesetzt wird.

Wo Mediation zum Einsatz kommt

Typische Anwendungsgebiete des Verfahrens liegen in folgenden Bereichen.

Bereiche	Konflikte
Familie/ Trennung/ Scheidung	in Ehen
	in Beziehungen
	bei Scheidungsfolgen (Unterhalt, Aufenthaltsbestimmung, Sorgerecht)
Nachbarschaft	wegen Lärm
	wegen Gewalt
	wegen Vandalismus
	wegen Grenzbepflanzungen
Unternehmen/ Organisationen/ Verwaltungen	zwischen Mitarbeitern
	innerhalb der Hierarchie
	in Projekten
	mit Kunden oder Geschäftspartnern
Öffentlicher Bereich: Umwelt, Bau, Planung	bei der Umgestaltung von Plätzen
	beim Neubau von Straßen, Bahnhöfen oder Anlagen
	im Planfeststellungsverfahren

Bereiche	Konflikte
Erbe/Unternehmensnachfolge	in der Erbengemeinschaft
	bei der Unternehmensnachfolge
	bei der Übertragung von Geschäftsanteilen
Schule	zwischen Lehrenden
	zwischen Lehrkörper und Verwaltung
	zwischen Lehrenden und Eltern
	zwischen Lehrenden und Schülern
	zwischen Schülern
Arzt/Patient	wegen Aufklärungs- und Behandlungsfehlern
Mieter/Vermieter	Streit rund um das Mietverhältnis
Strafverfahren	Täter-Opfer-Ausgleich zwischen Beschuldigtem und Verletztem als freiwillige Maßnahme für Täter und Opfer. Hier sollen die Folgen eines Konflikts geregelt werden, indem sich Täter und Opfer wahrnehmen und miteinander kommunizieren.

Die Aufzählung dieser Möglichkeiten ist nicht abschließend. Der Einsatz von Mediation ist in nahezu allen konfliktbehafteten Feldern denkbar und möglich.

10 gute Gründe für Mediation

1 **Mediation ist schnell.**
 Als Alternative zu einer gerichtlichen Entscheidung, auf die oftmals Monate oder Jahre gewartet werden muss, kann eine Vereinbarung mit Mediation nach wenigen Sitzungen, oft schon an einem Tag gefunden werden.

2 **Mediation ist kostengünstig.**
 Die Medianden sparen Gerichtskosten, Anwaltskosten, Kosten für Sachverständige und Gutachter sowie Personalkosten.

3 **Mediation schont Beziehungen.**
 Ein Prozess beendet in der Regel die Vertragsbeziehung, gleichgültig ob es sich um einen Kunden, einen Vertragspartner oder einen Mitarbeiter handelt. Ein gelöster Konflikt schont die Beziehung zum Nachbarn, zum Partner, zum Kollegen usw.

4 **Mediation ist vertraulich.**
 Gerichtsverhandlungen vor einem staatlichen Gericht sind öffentlich und die Ergebnisse werden häufig veröffentlicht. In der Mediation bleibt alles vertraulich, es sei denn, die Beteiligten geben ihre Zustimmung zur Veröffentlichung.

5 **Mediation ist imageverbessernd.**
 Der richtige Umgang mit Konflikten ist entscheidend für eine gesunde Streitkultur. Sowohl in Unternehmen als auch im privaten Umfeld wird eine konsensorientierte Streitkultur als wichtige Kompetenz geschätzt und mehr und mehr gefordert.

6 **Mediation schont Ressourcen und ist zukunftsorientiert.**
Eine schnelle, effiziente und belastbare Konfliktlösung schont die Ressourcen der Medianden (Zeit, Geld, Beziehungen, Personal). Mediation sucht eine zukunftsorientierte Lösung, statt mit viel Aufwand, Zeit und Geld Vergangenheitsbewältigung durch ein Gerichtsverfahren zu betreiben.

7 **Mediation unterstützt den interessenorientierten Ausgleich.**
Verhandelt wird nicht nach dem Hop-oder-Top-System. Vielmehr geht es darum, bei jedem Medianden die tatsächliche Interessenlage herauszuarbeiten und einen Ausgleich zwischen den verschiedenen Bedürfnissen zu schaffen.

8 **Mediation kennt keine Verlierer.**
Mediation strebt einen Konsens an, d. h. eine Win-win-Lösung. Dem Ergebnis sollen alle Beteiligten zustimmen können, gerade weil es den erarbeiteten Interessen und Bedürfnissen der Medianden entspricht.

9 **Mediation hilft zu verstehen und fördert Verständnis.**
Kommt es zu einem Konflikt, bleibt im Gerichtsverfahren oft eine Frage ungeklärt: Wie konnte es so weit kommen? Mediation hilft, Beweggründe herauszuarbeiten, Erwartungen abzugleichen und Verständnis für die Argumente und Sichtweisen des Konfliktpartners zu entwickeln. Mediation hilft, Verhandlungsfähigkeiten zu erlernen und in der Zukunft einzusetzen.

10 **Mit Mediation behalten die Medianden die Kontrolle und Planungssicherheit.**
   Das Verfahren entgleitet niemals der Kontrolle der Beteiligten. Niemand nimmt den Medianden die Entscheidung aus der Hand. Es kommt zu einem Ergebnis, das alle Beteiligten akzeptieren.

Fazit: Während andere sich noch mit ihrem Konflikt beschäftigen, können Sie Dank einer schnellen und günstigen Konfliktlösung durch Mediation investieren, Kunden pflegen, Aufträge generieren, auf ein motiviertes Team schauen, wieder nach vorn blicken oder neu gewonnene Lebensqualität genießen.

Auf einen Blick: Was kann Mediation leisten?

- Überall dort, wo Menschen aufeinander treffen, kann es zu Konflikten kommen. Bleiben sie ungelöst, können sie eskalieren.
- Mediation ist ein mögliches Verfahren zur Konfliktlösung. Der Mediator vermittelt als unparteilicher Dritter ohne Entscheidungsbefugnis zwischen den Parteien.
- Mediation bearbeitet Konflikte konstruktiv: Ein Interessenausgleich verhindert, dass einer oder beide Konfliktparteien als Verlierer dastehen.
- Das Verfahren kann bei Konflikten auf vielen verschiedenen Gebieten helfen: z. B. in der Familie, am Arbeitsplatz, im Geschäftsleben und in der Politik.
- Wer statt eines klassischen Rechtsstreits die Mediation zur Konfliktbearbeitung wählt, profitiert: Er spart Geld, Zeit und Ressourcen.

Wie läuft eine Mediation ab?

Mediation folgt einem klaren Aufbau und definierten Prinzipien. Regeln und Struktur dienen dazu, bessere Ergebnisse zu erzielen.

In diesem Kapitel lesen Sie,

- wie ein Mediationsverfahren aufgebaut ist und welchen Prinzipien es folgt,
- ob und wann Regeln in der Mediation sinnvoll sind und wo die Grenzen des Verfahrens liegen.

Mediation – ein strukturiertes Verfahren

Der im Folgenden vorgestellte Aufbau eines Mediationsverfahrens orientiert sich am „klassischen" Fünf-Phasenmodell der Mediation und wird ergänzt durch eine Vorphase und eine Umsetzungsphase. In der Literatur sind verschiedenste Modelle zu finden: von einem dreistufigen Verfahren bis hin zu einer Mediation in 12 Stufen. Der in der Praxis gängigste Aufbau jedoch folgt den fünf Phasen.

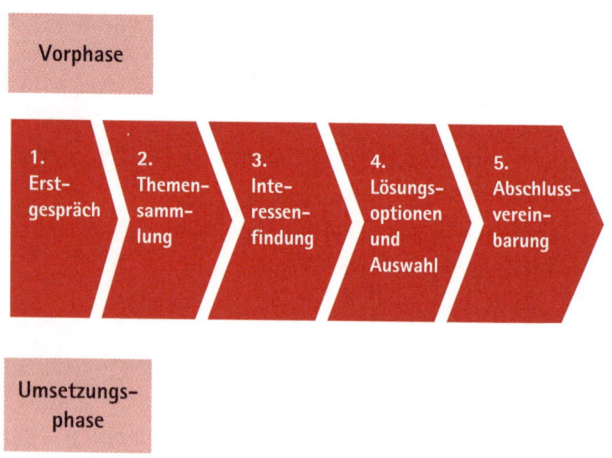

Die fünf Phasen der Mediation

Die Vorphase: Herantasten an den Konflikt

Den Abschnitt, der dem gemeinsamen Erstkontakt aller Beteiligten, d.h. des Mediators und der Medianden, vorausgeht, bezeichnet man als Vorphase. In diese Phase fällt die Kontaktaufnahme zum Mediator. In aller Regel erfolgt sie durch einen der Konfliktbeteiligten oder eine unbeteiligte dritte Person.

Beispiel:

> In einer Abteilung kommt es aufgrund verschiedener Ursachen immer wieder zu Konflikten zwischen zwei Kollegen während der Projektbearbeitung. Der Abteilungsleiter sorgt sich um die Gesamtstimmung im Team und den reibungslosen Ablauf der Projekte und ruft für die beiden nach einem Mediator.

Meist entscheidet sich bereits in der Vorphase, ob ein Mediationsverfahren zustande kommt (obwohl die eigentliche Entscheidung erst in der folgenden Phase 1 stattfindet). Der Mediator spricht alle am Konflikt beteiligten Personen und/oder Gruppen an, erfragt ihre Bereitschaft zur Teilnahme am Verfahren, gibt gegebenenfalls schon einige Vorinformationen und versucht, einen gemeinsamen ersten Termin zu finden.

Informationssammlung

Seine Aufgabe ist es darüber hinaus, Informationen zu sammeln, eventuell Sachverständige oder andere unterstützende Personen hinzuzuziehen und die Mediation vorzubereiten. Unter Umständen kann der Mediator schon in dieser Phase erkennen, ob der Konflikt für eine Mediation überhaupt geeignet ist oder ob ein anderes Verfahren der Konfliktbearbeitung angezeigt wäre (siehe Kapitel „Alternativen der Konfliktbearbeitung bedenken").

Der Mediator kann nach eigenem Ermessen entscheiden, ob er an dieser Stelle mit jedem der Konfliktbeteiligten einzeln Vorgespräche führen möchte, um sich in diesem Rahmen einen sehr individuellen Überblick über den Konflikt zu verschaffen.

Einzelgespräche

Ein wichtiges Instrument der Mediation sind Einzelgespräche. Da diese Gespräche vertraulichen Charakter haben, bedingen sie einerseits, dass der Mediator hier von vielen Aspekten des Konflikts erfährt, die der Mediand in Gegenwart des Konfliktpartners nicht oder nicht so formuliert hätte. Gleichzeitig steigt dadurch das Risiko der Mitwisserschaft des Mediators, er wird quasi zum „Geheimnisträger", denn er darf die Inhalte aus den Einzelgesprächen ohne ausdrückliches Einverständnis des Medianden nicht im weiteren Verfahren verwenden. Möglicherweise gefährdet dies seine Funktion als allparteilicher und neutraler Dritter (siehe Kapitel „Prinzipien einer Mediation").

Auswahl des Raumes

Als Räumlichkeit für die Mediation sollte immer ein neutraler Ort gewählt werden. Dieser ist in Fällen von familiären oder nachbarschaftlichen Konflikten meistens das Büro des Mediators, in der Schule kann dies ein Besprechungsraum innerhalb der Schule sein. Bei Wirtschaftsmediationen sollte darauf geachtet werden, dass nicht der Arbeitsplatz des Vorgesetzten, des Mitarbeiters oder des Betriebsrats gewählt wird oder – bei Konflikten zwischen Unternehmen – nicht der Firmensitz eines der beteiligten Firmen.

Gleichzeitig sollte der Raum eine gute Arbeitsatmosphäre ausstrahlen, d.h. hell, groß, sauber und freundlich wirken und mit der notwendigen Technik (Flipchart, Moderationsutensilien) ausgestattet sein. Idealerweise wird an einem großen runden oder ovalen Tisch gearbeitet, damit sich die Beteiligten einander zuwenden können und um Konfrontationslinien zu verhindern.

> Dem Mediator muss es möglich sein, zu allen Beteiligten auch äußerlich den gleichen Abstand zu wahren.

Nehmen viele Medianden teil, sollte die Sitzordnung vorbestimmt werden und der Struktur der Gruppen entsprechen. Bei Einzelpersonen sollte darauf geachtet werden, dass diese nicht verloren zwischen größeren Gruppen sitzen müssen.

Phase 1: Erstgespräch und Mediationsvertrag

Je nach Ausgangssituation, Zahl der Beteiligten, Komplexität der Angelegenheit usw. lädt der Mediator die Parteien getrennt oder gemeinsam zu einem ersten Gespräch ein. In diesem Erstgespräch verschafft sich der Mediator einen Überblick über den Konfliktgegenstand, erläutert den Ablauf der Mediation sowie seine Rolle. Den Parteien verschafft dies die Gelegenheit zu überprüfen, ob für sie ein Mediationsverfahren zur Konfliktlösung überhaupt in Betracht kommt und ob sie mit dem Mediator zusammenarbeiten können und wollen. Ist dies der Fall, vereinbaren sie eventuell gemeinsam Regeln für das weitere Verfahren und den Umgang miteinander (siehe Kapitel „Regeln der Mediation").

Beispiel:

> Der Mediator vereinbart mit den beiden Kollegen getrennt voneinander Termine für ein Erstgespräch. Er verschafft sich einen ersten Überblick über den Konflikt, macht sich ein Bild von den Beteiligten und entscheidet, ob die Voraussetzungen für ein Verfahren gegeben sind. Am Ende vereinbart er mit den Beteiligten einen ersten gemeinsamen Termin.

Zweck dieser Phase ist es unter anderem, die durch den Mediator ausführlich vorgestellten und besprochenen Verfahrensgrundsätze für alle Beteiligten für die gesamte Dauer des Verfahrens verbindlich festzuhalten. In dieser Phase muss Vertrauen zum Mediator und zur anderen Partei entwickelt werden. Misstrauen wäre Gift für das Verfahren.

Ist Mediation für den konkreten Konflikt geeignet?

In der Phase 1 sollte der Mediator prüfen, ob die Mediation das richtige Verfahren ist und ob die Parteien für dieses auch genug Motivation aufbringen. Manchmal kann es nämlich sinnvoller sein, doch den Gang vor ein Gericht zu wählen. So z. B., wenn eine Lösung im beiderseitigen Interesse nicht möglich erscheint und ein Mediationsverfahren nur noch mehr Zeit und Geld kosten würde oder wenn ein nicht auszugleichendes Machtgefälle vorherrscht (siehe Kapitel „Alternativen der Konfliktbearbeitung bedenken").

Sind alle Beteiligten an Bord?

Eine weitere Aufgabe in dieser Phase ist es, alle Beteiligten, die von der Entscheidung beeinträchtigt sein können, zu identifizieren und ggf. die Parteien zu veranlassen, geeignete Interessenvertreter für die Verhandlungen zu benennen. Voraussetzung hierfür ist es, die Konfliktlandschaft detailliert zu analysieren. Sinnvoll und für eine effiziente Durchführung notwendig ist es, die Verhandlungsrunde auf eine Teilnehmerzahl zu begrenzen, die eine optimale Sacharbeit und Diskussion ermöglicht. Es ist üblich, auch einen zeitlichen Rahmen abzustecken. Damit ist das gesamte Verfahren für die Beteiligten planbar, Verzögerungstaktiken werden verhindert und die Bereitschaft, sich einzubringen, erhöht sich.

Das Ende der Phase: Mediationsvertrag

Die Erstgespräche enden mit der schriftlichen Fixierung eines Mediationsvertrages – auch Mediationsvereinbarung genannt. Er sollte u.a. Bestimmungen über die Vertraulichkeit von Informationen enthalten und die Kostenübernahme regeln. Am Ende des Buches finden Sie ein Muster eines Mediationsvertrages, das beispielhaft zeigt, wie ein solcher Vertrag gestaltet aussehen kann.

Welche Kosten kommen auf die Parteien zu?

Die Kosten für eine Mediation werden ganz unterschiedlich geregelt. In der Familienmediation gilt üblicherweise ein Stundensatz, der je nach Grundberuf des Mediators zwischen 80 Euro und 250 Euro schwankt. In der Familienmediation gibt es aber auch kostenlose Angebote von staatlichen oder kirchlichen Einrichtungen. Anders in der Wirtschaftsmediation, also der Mediation in Unternehmen, z. B. zwischen Kollegen, Mitarbeitern und Vorgesetzten oder zwischen Unternehmen (mehr dazu siehe im Kapitel „Mediation in Unternehmen"): Hier wird üblicherweise über Tagessätze abgerechnet.

Auch die Honorarvereinbarung ist Bestandteil des Mediationsvertrags. Außer in der Wirtschaftsmediation, da hier der Auftraggeber häufig ein am Konflikt und an der Mediation nicht Beteiligter ist. Das Honorar wird dann in einer eigenen Vereinbarung geregelt.

Phase 1: Worauf es ankommt

- Gute Atmosphäre schaffen (angenehme Räumlichkeiten, ausgewogene Sitzordnung, guter Blick auf die eingesetzte Technik, Getränke)
- Den bisherigen Stand der Dinge klären: Wie kam es zum Verfahren? Was ist bisher geschehen? Was weiß der Mediator vom Konflikt?
- Erwartungen der Parteien klären
- Mediationsverfahren erklären
- Zustimmung aller Beteiligten zu dem Verfahrensmodell einholen
- Rolle des Mediators klären
- Die Prinzipien des Verfahrens erläutern

- Für einen gleichen Informationsstand bei allen Beteiligten sorgen
- Gegebenenfalls Regeln aufstellen
- Eventuell bei rechtlichen Konflikten eine Rechtsbelehrung veranlassen
- Organisatorische Aspekte klären (Zeit, Pausen, Raum, Dauer, Termine)
- Mediationsvertrages und Kostenvereinbarung formulieren und unterzeichnen
- Umgang mit den späteren Ergebnissen klären

Phase 2: Themensammlung

Im ersten Schritt geht es in dieser Phase um die gemeinsame Klärung der Sachlage. Hierbei schildern die Konfliktparteien den Sachverhalt noch einmal ausführlich und benennen die Punkte, welche Sie in der Mediation bearbeiten möchten. Der Mediator notiert für alle sichtbar die genannten Streitpunkte als „Themen". Anschließend gewichten die Beteiligten gemeinsam die Themen und entscheiden, in welcher Reihenfolge diese besprochen werden.

In Phase 2 sollen alle Streitpunkte angesprochen werden. Dazu zählen auch jene, die aus Sicht der Parteien nichts mit dem eigentlichen Konflikt zu tun haben, die aber mit dem Ursprungskonflikt untrennbar verbunden sind. Diese Vernetzung verschiedener Problemkomplexe wird umgangssprachlich als „Vergrößerung des Kuchens" bezeichnet.

In dieser Phase versteht sich der Mediator ausschließlich als Verwalter des Verfahrens: Er trägt dafür Sorge, dass die vereinbarten Regeln eingehalten werden – die Inhalte werden hingegen durch die Beteiligten selbst bestimmt.

Beispiel:

> Die Kollegen haben unabhängig voneinander folgende Themen benannt, die sie im Verfahren geklärt haben möchten: Informationsfluss, Umgang miteinander, Akquise neuer Projekte und Kompetenzen im Projekt. Sie beschließen, mit dem Thema der Kompetenzen zu beginnen.

Phase 2: Worauf es ankommt

- Gemeinsam die Sachlage klären und die Sichtweisen der Beteiligen vortragen
- Themen benennen, sammeln und visualisieren: Alle Konfliktpunkte werden auf einem Flipchart oder einer Pinnwand notiert.
- Gemeinsam die einzelnen Themen gewichten
- Gemeinsam die Bearbeitungsreihenfolge festlegen

Phase 3: Interessenfindung

Auf Basis der gemeinsam geschaffenen Informationen beginnt jetzt die eigentliche Konfliktbearbeitung mit dem Ziel, einen einvernehmlichen Interessenausgleich auszuhandeln.

Eine solche Win-win-Situation lässt sich jedoch nur dann erreichen, wenn sich die Verhandlungsteilnehmer von ihren Positionen weg und hin zu ihren wirklichen Interessen konzentrieren. Die Position bezeichnet nämlich nur die ursprüngliche Forderung. Das Interesse definiert dagegen die dahinter stehenden Gründe, Wünsche, Bedürfnisse und Ziele. Und auf diese kommt es in der Mediation an!

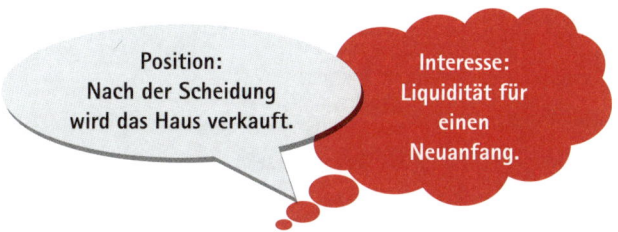

Die Position überlagert das Interesse

Der Mediator geht methodisch vor, indem er jede Partei nacheinander bittet, ihre Sichtweise zu dem ausgewählten Thema darzustellen und wirklich alles zu erzählen, was für diesen Punkt von Bedeutung ist. Die anderen Konfliktpartner hören hier nur zu. Der Mediator fragt nach, fasst zusammen, vertieft einzelne Aspekte und arbeitet so die Wünsche, Bedürfnisse, Interessen oder auch Befürchtungen und Ängste der Medianden hinter dem aktuellen Thema heraus, um auch diese zu visualisieren (er schreibt also die Interessen jedes Beteiligten für jeden sichtbar in Kurzform auf).

Wenn alle ihre Sichtweise dargestellt haben, fasst der Mediator Gemeinsamkeiten zusammen. Kontrahenten werden gebeten, sich zu den herausgearbeiteten Interessen und Gefühlen des Konfliktpartners zu äußern. Dies ist der wichtigste Teil und somit das Herzstück der Mediation.

Warum Positionen in der Mediation keine Rolle spielen (dürfen)

Welche Bedeutung Interessen, Wünsche und Bedürfnisse für den Erfolg von Verhandlungen haben, ist zum ersten Mal im sogenannten Harvard-Konzept herausgearbeitet worden. Dieses Konzept des sachgerechten Verhandelns besagt:

- Person von der Sache trennen
- Sich auf Interessen statt Positionen konzentrieren
- Möglichst viele unbewertete Lösungsoptionen entwickeln
- Anhand objektiver Kriterien entscheiden, welche Optionen umgesetzt werden sollen

Der wichtigste Aspekt liegt in der Unterscheidung von Position und Interesse. Die Grundaussage des Harvard-Konzepts lautet: Es gibt keinen Ausgleich zwischen Positionen, nur zwischen Interessen. Und diese liegen hinter den Positionen und müssen erst herausgearbeitet werden.

Beispiel:

Das klassische Lehrbuch-Beispiel lautet folgendermaßen:
Eine Mutter hat zwei Töchter, jedoch nur eine Orange, die beide Kinder wollen. Die Mutter teilt die Frucht und gibt jeder Tochter die Hälfte. Nach dem Harvard-Konzept ist ein schlechter Kompromiss erzielt worden: Jedes Kind ist nur zu 50 % befriedigt. Hier nun setzt der Grundsatz der Trennung von Position und Interesse an. Hätte die Mutter gefragt, welche Interessen die Kinder mit der Orange verfolgen, hätte eine Tochter vielleicht geantwortet, das Fruchtfleisch zu benötigen, um damit Saft zu machen, und die andere Tochter hätte die Schale gebraucht, um einen Kuchen zu backen. So hätte die Mutter die Möglichkeit gehabt, auf der tiefer liegenden Ebene der Interessen einen

Ausgleich herzustellen, mit einer Orange beide Kinder zu 100 % glücklich zu machen und eine klassische Win-win-Situation zu erreichen.

Ein Beispiel aus der Praxis:
Zwei Führungskräfte einer Firma bewerben sich auf dieselbe höher dotierte Stelle. Nachdem sie erkannt haben, dass sie als Konkurrenten agieren, versuchen sie sich gegenseitig vor dem Chef schlecht zu machen und sich selbst in ein positives Licht zu stellen. Darunter leidet die bisher gute Zusammenarbeit. Auf Positionsebene gibt es hier keinen Ausgleich. Jeder strebt die Stelle an, die nur einmal vorhanden ist. Im Mediationsverfahren kommt ans Licht, dass den einen die Aufgabe an sich reizt. Er macht seit Langem privat eine Fortbildung, die ihn genau auf die geforderten Kompetenzen vorbereitet. Dem Kollegen dagegen ist die Aufgabe selber gar nicht wichtig. Er baut gerade ein Haus und braucht aus diesem Grund dringend eine höher dotierte Stelle. Hier ergeben sich völlig neue Optionen. Zum Beispiel könnte man für den Kollegen im gesamten Unternehmen nach einer anderen höher dotierten Aufgabe suchen.

Herausarbeiten der Interessen und Bedürfnisse

Dem amerikanischen Psychologen Abraham Maslow zufolge, lassen sich die Bedürfnisse von Menschen in fünf Kategorien einteilen, die aufeinander aufbauen und deshalb bildlich in einer Pyramide darstellbar sind: Die Bedürfnisse werden immer individueller, je höher sie in der Pyramide angesiedelt sind (siehe die folgende Abbildung).

Das heißt für die Mediation: Um interessen- und bedürfnisgerechte Lösungen erarbeiten zu können, müssen die Medianden erst einmal ihre Bedürfnisse herausarbeiten – mit Hilfe des Mediators. Oftmals sind den einzelnen Beteiligten ihre eigenen Bedürfnisse bzw. die der anderen noch gar nicht so bewusst gewesen oder aber es wird deutlich, dass die Beteiligten bei einem bestimmten Thema tatsächlich verschiedene Interessen und Bedürfnisse haben.

Selbstverwirklichung:
z. B. Talente und Potenziale umsetzen

Individuelle Bedürfnisse:
z. B. Anerkennung, Freiheit

Soziale Bedürfnisse:
z. B. Kontakt, Kommunikation, Beziehungen

Sicherheitsbedürfnisse:
z. B. Erhalt des Arbeitsplatzes, Sicherung gegen Risiken

Grundbedürfnisse:
z. B. Essen, Trinken, Schlafen

Die Bedürfnispyramide nach Abraham Maslow

Es ist wichtig, dass der Mediator die Bedürfnisse und Interessen würdigt, denn so fühlt sich jeder Mediand verstanden und es kommt zu einer Entschleunigung im Verfahren. Die Medianden können sich entspannen, denn offenbar ist das, was sie fühlen, ja doch nicht so unverständlich.

In dieser entscheidenden Phase des Mediationsverfahrens soll es gelingen, die Beteiligten durch die gegenseitige Anerkennung ihrer Interessen dazu zu bringen, ihre Positionen zu verändern oder zu modifizieren. Dazu müssen sich die Parteien jedoch zunächst einmal von ihren Positionen entfernen, hinter denen sie sich oftmals schon lange Zeit verschanzt haben. Sie müssen losgelöst von diesen auf die Situation blicken und sich selber und den anderen verdeutlichen, wo ihre Befürchtungen liegen und welches ihre tatsächlichen Wünsche und Ziele sind.

Beispiel:

> Die Kollegen hatten sich u.a. auf das Thema „Kompetenzen im Projekt" geeinigt. Folgende Interessen werden in der Mediation herausgearbeitet: Kollege 1 möchte die Berücksichtigung seiner langen Firmenzugehörigkeit, seiner guten internen Kontakte und der bisherigen guten Kundenbeziehungen. Kollege 2 möchte eine klare Kompetenzaufteilung, keine Kompetenzüberschneidungen, keine Schlechterstellung aufgrund des geringeren Lebensalters und die Möglichkeit, seine im Studium gewonnenen Erkenntnisse einzubringen. Beiden gemeinsam ist der gegenseitige Wunsch nach Anerkennung der eigenen Leistung durch den anderen.

An dieser Stelle erweist es sich als hilfreich, dass der „Kuchen" in Phase 2 vergrößert wurde, also alle Streitpunkte gesammelt und notiert wurden. Denn spätestens jetzt – nachdem auch die Bedürfnisse offenliegen – können die Parteien erkennen, dass ihr Konflikt vielschichtiger ist als gedacht und die Vernetzung verschiedener Themenkomplexe eine Konfliktlösung ermöglicht, an welche die Parteien vorher nicht gedacht haben.

Phase 3: Worauf es ankommt

- Die Parteien lösen sich von ihren Positionen, wenden sich ihren Interessen zu.
- Der Mediator sorgt dafür, dass sich die Konfliktparteien wechselseitig verstanden haben und sich die Betroffenen ihrer eigenen Anliegen bewusst sind.
- Er unterstützt die Konfliktparteien dabei, ihre eigenen Bedürfnisse und Interessen zu erkennen und zu formulieren sowie die der anderen anzuerkennen.
- Er prüft zum Schluss: Sind wirklich alle Interessen erfasst?

Phase 4: Entwicklung von Lösungsoptionen und Auswahl der Lösung

Sind die Interessen hinter den Positionen offen gelegt worden, ermöglicht dies den Parteien einen Perspektivwechsel, d.h. sie sind eher fähig und bereit, die Sichtweise des Konfliktpartners zu verstehen.

Beispiel:

> Die Kollegen, die bislang fest auf der jeweils eigenen Bewerbung beharrten und gegeneinander arbeiteten, erfahren nun zum ersten Mal von den Beweggründen des Konfliktpartners. Das Wissen um die finanziellen Schwierigkeiten des anderen bzw. um den Wunsch, endlich das in der Freizeit Erlernte umzusetzen, schafft ein viel größeres Verständnis für die Sichtweise des Kollegen.

Wenn die Konfliktparteien die Sichtweise des anderen kennen und verstehen, ist es möglich, eine Lösung zu entwickeln, welche den Interessen der Teilnehmer gerecht wird. Diese muss dann in vielen Fällen nicht mehr die ursprüngliche Position beinhalten. Die Lösung kann also anders aussehen als die Grundforderung, jedoch trotzdem die Bedürfnisse befriedigen.

Beispiel:

> Im Fall der Bewerber auf dieselbe Stelle ist der Verhandlungsspielraum mit Hilfe der Mediation sehr viel größer geworden. Die Beteiligten können jetzt nach Lösungen suchen, die für den einen die gewünschte inhaltliche Herausforderung darstellen und für den anderen ein Mehr an Einkommen generieren. Dies muss aber nicht zwangsläufig die ausgeschriebene Stelle sein.

Hierbei ist entscheidend, dass die Parteien sich bei der Problemlösungssuche auf die Alternativen konzentrieren, die ihren ausgearbeiteten Interessen entsprechen. Bei dieser Suche soll Quantität vor Qualität gehen. Es kommt also zunächst nicht auf die Güte der Vorschläge an. Vielmehr gilt es, auch anfänglich abwegige Möglichkeiten zu diskutieren.

Möglichst viele Lösungsvarianten

Das Ziel: Die Parteien sollen unabhängig von ihren ursprünglich eingenommenen Positionen nun auch Varianten ins Auge fassen, die einen einvernehmlichen Interessenausgleich herbeiführen können. Es soll ein Ergebnis erzielt werden, bei dem sich alle Beteiligten als Gewinner fühlen. Bei der Lösungssuche lassen die Parteien ihrer Phantasie freien Lauf und erarbeiten möglichst viele Lösungsvarianten, auch solche, die auf den ersten Blick vielleicht unsinnig erscheinen.

Beispiel:

Die beiden Kollegen erarbeiten unabhängig voneinander folgende Lösungsoptionen:

- Aufteilung der Kompetenzbereiche
- Gleichberechtigung für jeden bei jeder Aufgabe
- Kollege 1 integriert Kollegen 2 in sein Netzwerk im Haus
- Spontane Abstimmungsgespräche
- Kollege 1 führt den neuen Kollegen bei den „alten" Kunden ein
- Kollege 2 führt einen Workshop durch und berichtet den Kollegen von neuen Trends
- Klare Aufgabentrennung
- Regelmäßige Abstimmungsgespräche mit Tagesordnung

Auch hier zeigt sich wieder: Dass in Phase 2 „der Kuchen vergrößert wurde", also alle Themen zur Sprache kamen, ermöglicht es jetzt, Konfliktlösungen zu vernetzen und dadurch Wege zu finden, an welche die Medianden vorher nicht gedacht haben.

Auswahl der besten Lösung

Jetzt fällt die Entscheidung für eine oder mehrere Lösungsoptionen. Dabei soll die Lösung gewählt werden, die möglichst den Interessen aller Beteiligten gerecht wird:

- Aus diesem Grund bewerten die Medianden zunächst die erarbeiteten Optionen.
- Dann verhandeln sie miteinander über die Lösungsoptionen. Am Ende steht ein realisierbarer und für alle Beteiligten interessengerechter Ausgleich.

Dieser Ausgleich kann aus der Umsetzung einer oder mehrerer Optionen resultieren. Oftmals wird über alle Themen hinweg ein ganzer Strauß aus Teillösungen gefunden, die dann in ein komplettes Lösungspaket münden.

Beispiel:

Beide Kollegen entscheiden sich für die Umsetzung der Punkte 1, 3, 5 bis 8. Sie entscheiden sich gegen die spontanen Abstimmungsgespräche und die Gleichberechtigung für jeden bei jeder Aufgabe.

Phase 4: Worauf es ankommt

- Eine kreative Atmosphäre schaffen
- Viele verschiedene Lösungsoptionen finden
- Annäherung der Konfliktparteien unterstützen
- Fragen, zuhören, nicht werten
- Verhandlungsmodelle kennen und einführen
- Verhandlungen zwischen den Konfliktparteien zulassen und fördern
- Angebote machen lassen
- Werte und Bewertungsmaßstäbe entwickeln
- Prüfen, ob die Lösungen realisierbar sind
- Prüfen, ob die Lösung mit den erarbeiteten Interessen vereinbar ist

Phase 5: Abschlussvereinbarung

In einem letzten Schritt werden die Ergebnisse in einer Verhandlungsübereinkunft niedergelegt. Die Vereinbarung sollte in der Sprache der Medianden geschrieben sein und von ihnen, ggf. mit Hilfestellung des Mediators, selbst formuliert werden. Zusätzlich kann die Vereinbarung durch Protokolle der vergangenen Gespräche sowie weitere Vereinbarungen oder Verträge abgesichert werden (z.B. bei Wirtschaftsmediationen zwischen zwei Unternehmen). All dies gibt den Parteien die Handhabe, die Ergebnisse kontrolliert umzusetzen.

Wurde die Abschlussvereinbarung fixiert, wird sie von den Medianden unterzeichnet. Oft unterschreibt dann auch noch der Mediator als „Zeuge" bzw. „Pate". Alle Beteiligten erhalten ein Exemplar. Soll die Vereinbarung wie ein rechtskräftiges Urteil wirken, soll also aus ihr direkt vollstreckt werden können, muss sie von einem Notar, im Rahmen eines Anwaltsvergleichs oder vor Gericht noch in eine vollstreckbare Form gegossen werden.

Phase 5: Worauf es ankommt

- Schriftlich eine Abschlussvereinbarung fixieren, die alle Beteiligten unterzeichnen
- Prüfen: Entspricht die Vereinbarung der SMART-Regel (Spezifisch – Messbar – Aktiv erreichbar – Realistisch – Terminiert)?

- Eventuell die Vereinbarung durch Anwälte der Parteien rechtlich prüfen lassen
- Falls die Beteiligten es für notwendig halten: Nachfolgetreffen vereinbaren
- Prüfen: Sind Nachverhandlungen nötig?

Umsetzungsphase

Diese Phase ist der „Alltagsstresstest" für die Vereinbarung. War sie konkret genug und realistisch, haben sich alle Beteiligten an die gefundenen Ergebnisse gehalten oder hat sich die Vereinbarung nicht bewährt? Muss nachjustiert werden? Falls nötig und von den Medianden gewünscht, werden neue Themen in einem weiteren Termin geklärt bzw. wird die Vereinbarung nachgebessert.

Die wichtigsten Prinzipien

Das Mediationsverfahren folgt sechs Grundprinzipien. Sie geben dem Verfahren einen Rahmen und erhöhen die Chance für die Konfliktbeteiligten, ein gutes Ergebnis im Sinne eines Konsens zu erreichen.

Grundprinzipien der Mediation

Freiwilligkeit: Drängen verboten

Das Verfahren wird freiwillig begonnen, also ohne äußeren Zwang. Es kann jederzeit auf Wunsch einer Partei und/oder des Mediators abgebrochen werden.

Sinn und Zweck dieses Freiwilligkeitsprinzips ist es, zwischen den Parteien eine möglichst offene Atmosphäre zu schaffen, die eine Verhandlung ohne jeglichen Druck von außen ermöglicht. Es wäre dem Verfahren insgesamt nicht dienlich, die Medianden in das Verfahren zu drängen. Es geschieht jedoch häufig, dass der eine oder andere Beteiligte Mediation als Notlösung in Betracht zieht, weil alle anderen in Aussicht gestellten Varianten ihm noch weniger erstrebenswert erscheinen.

Beispiel:

> Der Ehemann kommt nur mit zur Mediation, weil seine Frau ihm ansonsten die Tasche vor die Tür stellt und mit dem Ende der Ehe droht.
>
> Der Chef ruft für die Mitarbeiter nach einem Mediator und stellt bei einer Verweigerung arbeitsrechtliche Konsequenzen in Aussicht.

In solchen Fällen hat der Mediator die Frage der Freiwilligkeit offen anzusprechen. Nachdem der Mediator in der ersten Phase das Verfahren und den Ablauf erläutert hat, sollte jeder Mediand ausdrücklich erklären, dass er bereit ist, an der Mediation teilzunehmen. Erfolgt diese Zustimmung nicht, kommt kein Verfahren zustande.

Neutralität und Allparteilichkeit: Ein Unterstützer ohne Eigeninteressen

Der Mediator hat im Verfahren eine neutrale Stellung. Er gibt Hilfestellung und alle gewünschten und erforderlichen Informationen. Als Verwalter des Verfahrens bewertet er jedoch den Sachverhalt nicht und ist nicht parteilich. Dies bedeutet, dass der Mediator in der Sache und gegenüber den Beteiligten keine eigenen Interessen hat und sich nicht an den Streitgegenstand oder an einen der Medianden persönlich gebunden fühlt.

> Stellt ein Mediator fest, dass er sich von einem Medianden über die fast immer vorhandenen Sympathie- oder Antipathiegrenzen hinweg angezogen oder abgestoßen fühlt, muss er für sich die Frage beantworten, ob er noch den geforderten Abstand zu den Personen oder zum Thema hat. Verneint er diese Frage, ist ein Ende der Mediation angezeigt. Er sollte dann aussteigen und das Verfahren einem Kollegen übergeben.

Allparteilichkeit geht über Neutralität hinaus. Der allparteiliche Mediator gibt jedem Medianden zu jedem Zeitpunkt des Verfahrens das, was er braucht, um im Verfahren zu bleiben. Diesem Grundsatz liegt die Annahme zugrunde, dass nicht alle Medianden durch die ganze Mediation hinweg jederzeit über die gleichen Ressourcen verfügen. Mit anderen Worten: Der allparteiliche Mediator unterstützt mitunter auch punktuell eine Partei mehr als die andere, wenn diese Unterstützung notwendig ist, um zu fairen ausgewogenen Ergebnissen zu gelangen.

Beispiel:

> Ein Mediator erkennt, dass die Mitarbeiterin ihrem Chef argumentativ nicht gewachsen ist. Er unterstützt sie, indem er ihr seine sprachlichen Kompetenzen zur Verfügung stellt und bestimmte Aspekte für sie ausformuliert. „Habe ich Sie richtig verstanden, sie wünschen sich also, dass …?"

Bei einer solchen einseitigen Unterstützung hat der Mediator genau darauf zu achten, dass andere Beteiligte diese nicht als Parteilichkeit auslegen und so das Vertrauen in ihn verlieren. Hilfreich ist es, wenn der Mediator die Unterstützung offen benennt und als Dienst im Sinne des Verfahrens rechtfertigt. Schafft es ein Mediand grundsätzlich nur mit Hilfe des

Mediators, das Verfahren zu durchlaufen, ist eine Grenze erreicht.

Die Unterstützung darf nur punktuell erfolgen. Der Mediator kann sich nicht über das ganze Verfahren einseitig einem Medianden widmen. Dies entspricht nicht seiner Rolle und wird nicht der Eigenverantwortung der Medianden gerecht. Überdies ist dann fraglich, ob die nur mit Unterstützung des Mediators getroffenen Vereinbarungen im Alltag ohne ihn Bestand haben werden.

Alternativ kann in solchen Fällen über externe Unterstützungspersonen nachgedacht werden. Es kann sich auch herausstellen, dass die Mediation für einen der Beteiligten nicht das richtige Verfahren ist, weil seine fehlenden Kompetenzen (kommunikative, psychologische oder auch andere Formen von Machtungleichgewichten) einem gleichberechtigten Verfahren entgegenstehen.

Eigenverantwortung: Nur die Konfliktparteien entscheiden

Die Parteien erarbeiten ihren Konsens eigenverantwortlich, d.h., die Lösung wird nicht vom Mediator vorgegeben. Entsprechend enthält er sich jeglicher Einflussnahme auf das Verhandlungsergebnis. Während der Reise zum Ziel ist er jedoch nicht nur Kommunikator, sondern echter Helfer. Er achtet auf ein zumindest rechtlich haltbares Ergebnis und übernimmt während der Verhandlung eine aktive Rolle. Er benutzt also sehr bewusst ihm zur Verfügung stehende psychologische oder kommunikative Techniken, um den Beteiligten ein für sie optimales Verfahren anbieten zu können.

Umstritten ist in der Mediationspraxis die Frage, ob der Mediator eigene Lösungsvorschläge einbringen sollte. Die Autorin ist der Auffassung: Nein! Es wird dem fachlich kompetenten Mediator gelingen, durch Kreativitäts- und Fragetechniken einen Weg zu ebnen, auf dem die Beteiligten durch eine Abkehr vom eigenen, positionsverhafteten Denken neue Lösungsmöglichkeiten sehen und auch für sich annehmen können.

Beispiel:

Ein Ehepaar ist sich uneins, wie sie ihre beiden Vollzeitjobs und die Kinder unter einen Hut bekommen sollen. Sie ringen um die optimale Lösung, die beinhalten soll, dass die Kinder auch am Nachmittag gut versorgt sind. Hier sollte der Mediator nicht aus seinem eigenen Leben berichten. Die Gefahr, dass die Eltern diesen Vorschlag eines vermeintlich „Kompetenten" sofort für sich übernehmen und damit in ihrem Alltag scheitern, ist zu groß. Ein Möglichkeit ist, die Aufmerksamkeit des Paares auf andere Familien in der gleichen Situation zu lenken: Wie lösen diese die Herausforderung? Was davon könnte auch auf ihre Familie passen? Was möchten sie auf keinen Fall?

Wenn all dies nicht gelingt, kann der Mediator im Ausnahmefall auch Optionen in den Ring werfen, nach dem Motto: „Ich hatte schon Paare in einer ähnlichen Situation, die haben über folgende Möglichkeiten nachgedacht! Bitte setzen Sie sich mit jedem einzelnen Vorschlag sehr genau auseinander, denn keine Situation ist vergleichbar!" Hierbei sollte der Mediator mindestens drei bis fünf Vorschläge in den Raum stellen und so die Medianden zu einer Abwägung der verschiedenen Möglichkeiten bringen.

Eigenverantwortung bedeutet auch, dass die Beteiligten in der Lage sind, Entscheidungen für die Zukunft selbstbestimmt zu treffen. Im Ergebnis stößt Mediation überall dort an ihre Grenze, wo ein Beteiligter in erster Linie mit intrapersonalen Konflikten (Konflikten mit sich selber) zu kämpfen hat und die Kraft für eine Auseinandersetzung mit dem Konfliktpartner fehlt. Es kann daher sein, dass ein Mediand erst einmal in einer Therapie Hilfe für sich selber in Anspruch nehmen muss, bevor er sich dem Konfliktpartner auf dem Weg zur gemeinsamen Konfliktlösung stellen kann.

Beispiel:

Nach einer sehr verletzenden Trennung benötigt der enttäuschte und mutlose Partner erst einmal Zeit und Hilfe, um die empfundenen Kränkungen aufzuarbeiten, bevor er mit dem Ex-Partner über Regelungen für die Zukunft sprechen kann. Diese einseitige Aufarbeitung gehört jedoch nicht in die Mediation.

Informiertheit: Mein Wissen ist dein Wissen

Die Parteien werden über alle Tatsachen informiert, die für die Entscheidung wesentlich sind, und auch über gesetzliche Grundlagen, die für den Konflikt relevant sind. Dies kann durch die Beratung eines Mediators, der auch Anwalt ist („Anwaltsmediator"), durch externe parteiliche Beratung oder die Hinzuziehung eines oder mehrerer parteilicher Anwälte geschehen. Die Information kann zu Beginn der Mediation, während einer oder aller Phasen der Mediation oder aber vor Unterzeichnung der Abschlussvereinbarung erfolgen. Die Beteiligten sollten alle den Konflikt betreffenden Informationen offenlegen und diese Offenheit auch für das ganze Verfahren mitbringen. Dieses Prinzip dient dem Zweck, bei den Parteien eine Akzeptanz der Entscheidung für die Zukunft zu gewährleisten. Eine Mediationsvereinbarung, die auf einer Falschinformation fußt, kann sicherlich nicht zum Frieden zwischen den Parteien führen.

Art und Umfang der Informationen bestimmen sich danach, ob ein Anwalt oder ein Nichtanwalt die Mediation durchführt. Konkrete rechtliche Informationen darf grundsätzlich nur ein Anwalt geben, da der Mediator sonst gegen das Rechtsdienstleistungsgesetz verstößt.

Bei der Weitergabe von Informationen oder Auskünften steht der Mediator immer im Spannungsfeld zum Prinzip der Neutralität. Dieses ist jedoch immer dann gewahrt, wenn er alle Informationen mit Ausnahme der vertraulichen Informationen einer Partei weitergibt.

> Zu Beginn des Verfahrens wird ein Status quo festgelegt, der wie ein Waffenstillstand wirkt. Das bedeutet, dass während des Verfahrens an den Konfliktthemen nichts geändert wird oder keine Entscheidungen herbeigeführt werden, über die gerade in der Mediation entschieden werden soll. Ändern sich die Rahmenbedingungen, z.B. im Unternehmen, muss dies in der Mediation offengelegt werden.

Vertraulichkeit: Schweigen ist Gold

Die Mediation ist vertraulich, alle Beteiligten und auch der Mediator sind zur Verschwiegenheit verpflichtet. Zweck der Vertraulichkeitsmaxime ist es u.a. zu verhindern, dass in einem nachfolgenden streitigen Prozess (bei Scheitern der

Mediation) Informationen, die im Rahmen des Mediationsverfahrens der anderen Partei offenbart worden sind, nunmehr gegen die offenbarende Partei verwandt werden können. Den Mediator trifft hier eine doppelte Pflicht:

1 Er ist zum Stillschweigen über den Inhalt des Mediationsverfahrens gegenüber der Außenwelt verpflichtet.
2 Er darf jedoch auch solche Informationen nicht der anderen Partei gegenüber offenbaren, die er im Rahmen eines Einzelgesprächs erlangt hat.

Grundlage der Vertraulichkeit ist der Mediationsvertrag. Darin sollte festgelegt sein, dass die Parteien sich im Rahmen der Mediation zur Vertraulichkeit verpflichten (siehe Beispiel eines Mediationsvertrages am Ende des Buches).

Wer die Vertraulichkeit verletzt, riskiert den Abbruch des Verfahrens. In Fällen von Wirtschaftsmediation können zudem hohe Schadensersatzforderungen drohen.

Ergebnisoffenheit: Bereit für neue Lösungen

Die Konfliktbeteiligten sollen ergebnisoffen in das Verfahren gehen. Sie dürfen nicht von vornherein ein feststehendes Ergebnis im Hinterkopf haben, welches sie mit aller Gewalt erzielen wollen.

Es ist legitim, dass jeder für sich eine Ideallösung formuliert und auch definiert, was er mindestens erreichen möchte. Wenn dies jeder Mediand festlegt, liegen in diesem Rahmen die Verhandlungsmasse und der Spielraum für die Lösungssuche. Nicht akzeptabel ist es jedoch, wenn ein Mediand von einer aufgestellten Forderung nicht abweichen will. Mit dieser Grundeinstellung ist er im falschen Verfahren. Möglicherweise ist hier die Beauftragung eines Parteianwalts der bessere Weg, um das angestrebte Ergebnis zu erreichen.

Mediation braucht Beteiligte, die gewillt und in der Lage sind, nach Möglichkeiten zu suchen, in denen jeder seine Interessen befriedigt sieht. Nur so sind sie in der Lage, kooperativ miteinander zu verhandeln, sich aufeinander einzulassen und nach einer gemeinsamen Lösung zu suchen.

Die wichtigsten Verhaltensregeln

Gibt es Regeln in einer Mediation? Die Antwort lautet: Ja! Grundsätzlich gibt es Regeln in der Mediation, und zwar Umgangs- und Verfahrensregeln. In welcher Form diese Regeln aufgestellt werden – ob mündlich, schriftlich, als Vertragsbestandteil oder unabhängiger Regelkatalog – bleibt dem Mediator und den Beteiligten überlassen.

Regeln für den Umgang miteinander

Ausreden lassen

Unabdingbar für das Mediationsverfahren ist es, dass es den Beteiligten gelingt, sich ausreden zu lassen und sich nicht zu unterbrechen. Gerade in emotionalen Phasen geht es oft heiß her. Den Medianden fällt es dann sehr schwer, diese Regel einzuhalten. Es ist aber ein wichtiger Teil des Weges zu erfahren, worum es dem anderen geht, was seine Beweggründe und Interessen sind. In der Mediation muss es daher möglich sein, ungestört diese Aspekte benennen zu können.

Beispiel:

 Unterbricht ein Beteiligter seinen Konfliktpartner ständig, so hat der Mediator verschiedene Handlungsoptionen. Er kann z.B. dem Zuhörenden Zettel und Stift zur Verfügung stellen und ihn bitten, alles zu notieren, wozu er sich später noch einmal äußern möchte.

Zuhören

Die Konfliktpartner sollen sich auch aufmerksam zuhören. Häufig wird für die Beteiligten noch viel Neues zu hören sein. Wirklich miteinander geredet und sich zugehört haben die meisten nämlich schon lange Zeit nicht mehr. Zuhören kann also dazu führen, dass jemand mehr von der Gegenseite erfährt. Gleichzeitig kann der Zuhörer anschließend selbst ebenso ausführlich seine Gedanken und Beweggründe darlegen. Dann ist es an dem anderen, zuzuhören und zu verstehen.

Wertschätzung

Wertschätzung und Respekt gehören zur Grundlage unseres menschlichen Miteinanders. Leider sind sie bei den Konfliktparteien oftmals verloren gegangen. Die Mediation ist ein Verfahren, das die Beteiligten freiwillig anstreben, um gemeinsam nach einer Lösung für den Konflikt zu suchen. Das kann und wird nur gelingen, wenn die Mediation durch Achtung und Wertschätzung geprägt ist.

> In der Regel müssen die Medianden zunächst einmal „Dampf ablassen". Sie nutzen das Verfahren als Ventil für lange aufgestaute Emotionen. Es kann insgesamt dienlich sein, diesen Ausbruch am Anfang einmal zuzulassen. Danach können die Medianden befreit dem Mediator zuhören und sich von da an auf die Regeln des respektvollen Umgangs einlassen.

Umgang mit Vertraulichkeit

Vertraulichkeit ist eines der Grundprinzipien der Mediation. Es liegt an den Medianden, ob sie diese Vertraulichkeit auch wahren können. Eventuell müssen Stellvertreter größerer Gruppen oder Teams in Abständen Rücksprache mit ihrer Basis halten. Dann muss eine Regel gefunden werden, wann und in welchem Umfang die Vertraulichkeit ausnahmsweise aufgehoben werden soll.

In einer Mediation zwischen Privatleuten fällt es dem einen oder anderen schwer, nicht mit den Eltern oder dem besten Freund über das Verfahren zu sprechen. Über dieses Bedürfnis sollte offen gesprochen werden. Bei Zustimmung aller Beteiligten kann dieser Externe in den Zirkel der Informationsberechtigten einbezogen werden. Er muss dann jedoch seinerseits Stillschweigen über das Gehörte bewahren. Verweigern die Konfliktbeteiligten ihre Zustimmung, bleibt es bei der absoluten Vertraulichkeit zwischen den Beteiligten.

Umgang mit der Presse

Gerade in großen Verfahren mit vielen Interessengruppen, z. B. Verfahren im Rahmen von Großraumprojekten oder der Umgestaltung vorhandener Infrastruktur, bleibt es meist von der

Öffentlichkeit nicht unentdeckt, dass eine Mediation begonnen hat. Dann ist es wichtig zu regeln, wie, wann und ob die Presse mit Informationen zum Stand des Verfahrens versorgt werden soll.

Wahrung des Status quo

Während der Verhandlungen sollten die Beteiligten die Ausgangslage nicht ändern. Dies bedeutet auch: Haben Veränderungen stattgefunden, die sich auf das Verfahren auswirken, so sind diese offenzulegen. Die Beteiligten entscheiden dann, wie das Verfahren weitergeführt wird.

Beispiel:

Beispiel 1: Änderungen von außen

Während zwei Mitarbeiter in der Mediation um kooperative Formen der Zusammenarbeit ringen, wird einem der Mitarbeiter fristlos aus einem anderen Grund gekündigt. Hier müssen nun die veränderten Rahmenbedingungen im Verfahren besprochen werden. Möglich ist der sofortige Abbruch der Mediation, möglich ist aber auch die Weiterführung, weil die Beteiligten eventuell noch immer ein Interesse an der Lösung des Konflikts haben, auch wenn ein Beteiligter das Unternehmen verlässt. Fraglich bleibt insoweit, wer dann die Kosten des Verfahrens trägt.

Beispiel 2: Ausgangslage nicht ändern

Während der Trennungsmediation bleiben die gemeinsamen Konten des Paares über den täglichen Bedarf hinaus unangerührt, d.h., es wird kein neues Konto einseitig eröffnet bzw. Geld transferiert. Gleichermaßen untersagt ist die An- oder Abmeldung der Kinder an anderen Schulen, wenn der zukünftige Aufenthaltsort der Kinder gerade Thema der Mediation ist.

Die wichtigsten Mediationsregeln

- Jeder lässt jeden ausreden.
- Jeder hört dem anderen zu.
- Jeder geht respektvoll und wertschätzend mit dem anderen um.
- Niemand gibt Informationen – außer im gegenseitigen Einvernehmen – nach außen weiter. Niemand verwendet Informationen aus der Mediation in einer späteren gerichtlichen Auseinandersetzung (es sei denn, es ist eine Ausnahmeregelung vereinbart).
- Die Konfliktparteien ändern möglichst nichts an ihrer Ausgangslage (also z. B. ihrer Lebenssituation). Ändert sie sich durch äußere Einflüsse, erfahren dies alle Beteiligten.

Regeln, die der Mediator aufstellt

Kurzfristige Terminabsagen

Der Mediator kann eine Regel dafür aufstellen, wie er mit kurzfristigen Terminabsagen umgeht. Häufig legt er fest, welche Frist für eine Absage gilt und welche Folgen deren Übertretung hat.

Beispiel:

Werden Mediationstermine von einem der Beteiligten weniger als 48 Stunden vor dem jeweiligen Termin ohne wichtigen Grund abgesagt, übernimmt die absagende Partei die gesamten Kosten für diese Sitzung allein.

Verspätungen

Gleiches gilt für den Umgang mit Verspätungen. Ist der zeitliche Rahmen für die Mediation begrenzt, sind also z.B. Doppelstunden vereinbart, kann eine unentschuldigte Verspätung eines oder mehrerer Medianden nicht zu Lasten des Mediators gehen. Er kann den vollen Betrag in Rechnung stellen, wenn er dies in der Mediationsvereinbarung festgelegt hat.

Telefonate und andere Störungen

Die Mediation benötigt einen störungsfreien Rahmen. Es ist Aufgabe des Mediators, diesen zu schaffen. Die Beteiligten sollten hierüber am Anfang sprechen. Typische Regeln können sein:

- Keine Handys in der Mediation bzw. Handys auf lautlos stellen.
- Kürzere Pausen, damit wichtige Telefonate geführt werden können.
- Unterbrechung der Mediation mit Zustimmung aller Beteiligten, falls ein Mediand einen nicht verschiebbaren Telefontermin wahrnehmen muss.

Keine tätlichen Übergriffe

Selbstredend bedeutet Gewalt in den meisten Fällen den sofortigen Abbruch des Verfahrens. Je nachdem, in welchem Umfeld Mediation stattfindet, kann es sich jedoch lohnen, diese Regel ausdrücklich zu benennen.

Beispiel:

 Ein Ehepaar schildert in der Familienmediation Fälle häuslicher Gewalt. Hier kann der Mediator eine solche Regel noch einmal extra benennen.

Möglich ist in diesem Zusammenhang jedoch auch, dass sich der Mediator dazu entschließt, gerade die häusliche Gewalt, zum Thema der Mediation zu machen. Diese Entscheidung liegt allein beim Mediator. Es ist wichtig und richtig, dass jeder Mediator seine eigenen Grenzen kennt und diese klar benennt.

In Fällen der Wirtschaftsmediation sollte eine solche Regel besser nicht ausgesprochen werden. Führungskräfte und Entscheider würden sich schon von der Benennung dieser Regel irritiert, möglicherweise sogar diszipliniert fühlen.

So sorgt der Mediator für Regeleinhaltung

Auch wenn die Regeln der Mediation und des Mediators ausdrücklich vereinbart, eventuell sogar schriftlich an der Wand, in einem Papier oder gar im Mediationsvertrag niedergelegt sind, wird es immer wieder zu Regelverletzungen kommen. Der Mediator trägt die Verantwortung dafür, dass die Regeln eingehalten werden. Eine Herausforderung auch für erfahrene Mediatoren! Aufgabe des Mediators ist es, die Beteiligten nach Regelverstößen wieder in konstruktive Bahnen zurückzulenken. Dies kann er auf unterschiedliche Art und Weise erreichen.

Wenn die Konfliktpartner sich z.B. häufig unterbrechen, ist der unten dargestellte Ablauf denkbar. Er beginnt mit dem und mildesten endet mit dem extremsten Mittel. Die Wahl des Mittels hängt natürlich von der Stärke der Regelverletzung und deren Einfluss auf das Verfahren sowie auf die anderen Konfliktbeteiligten ab. Wenn der Mediator eingreift, sollte er stets darauf achten, seine neutrale Position nicht zu gefährden. Es ist daher hilfreich, sich auf die von den Medianden selber akzeptierten Regeln zu beziehen, um sich nicht dem Anschein der Parteilichkeit auszusetzen.

Leitfaden: Sieben Mittel gegen Regelverstöße

1. Auf den Regelverstoß hinweisen.
2. Erneut darauf hinweisen mit der Bitte, sich an die von allen Beteiligten akzeptierten Regeln zu halten.
3. Die Beteiligten fragen, ob die Regeln überarbeitet werden müssen, da sie offenbar nicht deren Willen entsprechen.
4. Die „Szene" laufen lassen und entspannt abwarten, wie lange sie dauert. Anschließend die Medianden fragen, ob sie der Überzeugung sind, auf diesem Weg etwas zu erreichen.
5. Die Mediation unterbrechen.
6. Bei einseitigen Regelverstößen den Abbruch des Verfahrens in einem Einzelgespräch androhen.
7. Das Verfahren abbrechen.

Wo Mediation an Grenzen stößt

Mediation steht gleichberechtigt neben einer Vielzahl anderer Instrumente zur Vermittlung im Konflikt oder zur Lösung von Konflikten. Sie ist, wie jede Alternative, kein Allheilmittel, sondern eine Option. Auch Mediation hat Grenzen.

Unüberbrückbares Machtgefälle

Schwierig wird Mediation, wenn zwischen den Konfliktparteien ein Machtungleichgewicht besteht. Das kann folgende Ursachen haben:

- unterschiedliche kommunikative, psychologische, fachliche, intellektuelle oder hierarchische Kompetenzen
- unterschiedliche(s) Alter, Geschlecht, sexuelle oder religiöse Zugehörigkeit oder unterschiedliche Rollenverständnisse

Beispiel:

Ein Mediand ist Akademiker, direkt dem Vorstand unterstellt, trägt einen Doktortitel und seine Hobbys sind Psychologie und Philosophie. Beide Themengebiete vertieft er im Fernstudium. Seine Konfliktpartnerin hat gerade eine Ausbildung in der Firma absolviert. Derzeit ist sie über einen Zeitvertrag in der Buchhaltung beschäftigt. Hier liegt ein so ungleiches Machtverhältnis vor, dass es auf den Einzelfall und die Entscheidung durch den Mediator ankommt, ob Mediation hier das richtige Instrument ist.

Das Zauberwort zur Überbrückung solcher Gefälle heißt „Powerbalance". Dem Mediator muss es gelingen, eine Balance zwischen den Medianden herzustellen. Entweder muss er den Schwächeren in seiner eigenen Machtposition verbessern oder aber bei dem Stärkeren erreichen, dass dieser im Rahmen der Mediation auf seine stärkere Position verzichtet. Gelingt dies nicht, so ist eine Grenze der Mediation erreicht.

Beeinträchtigung der psychischen oder geistigen Gesundheit

Aus dem Prinzip der Eigenverantwortung und Autonomie der Medianden folgt: Mediation verlangt nach einem Mindestmaß an der Fähigkeit, die eigenen Interessen zu benennen und zu vertreten. Außerdem muss ein Bindungswille an das gefundene Ergebnis existieren.

Fehlt es an diesen grundsätzlichen Voraussetzungen, kann die Mediation keinen Erfolg haben.

Beispiel:

 Ist ein Mediand z. B. unter gesetzliche Betreuung gestellt worden, weil er den Alltag in geistiger Hinsicht ohne fremde Hilfe nicht mehr bewältigen kann, kommt für ihn Mediation nicht in Frage.

Geringes Interesse an der Beziehung

Mediation ist in all denjenigen Konflikten eine echte Alternative, in denen die Beteiligten auch zukünftig miteinander arbeiten, leben, nebeneinander wohnen oder sonstige soziale

Beziehungen pflegen. Schließlich beinhaltet die Abschlussvereinbarung typischerweise Regelungen für die Zukunft. Fehlt es an dieser Zukunftsperspektive, reicht die Motivation der Konfliktpartner nicht für ein Verfahren, in welchem man sich im Einzelnen mit dem Konfliktpartner, seinen Interessen und Bedürfnissen auseinander setzen muss.

Beispiel:

Dies kann z.B. bei einem Ehepartner der Fall sein, der kein Interesse am Fortbestand der kinderlos gebliebenen Ehe oder an weiteren Kontakten mit dem Lebenspartner hat, dies aber erst in der Mediation erkennt.

Es kann auch bei einem Mitarbeiter eines Unternehmens der Fall sein, der feststellt, dass er die Firma ohnehin verlassen will.

Bedürfnis nach einem Schiedsrichter

Es gibt Fälle, in denen die Medianden nicht an einer gemeinsamen Lösungssuche interessiert sind. Vielmehr benutzen sie das Verfahren in der Hoffnung, der Mediator werde dem anderen Konfliktpartner schon sagen, dass er im Unrecht ist. Diese Erwartungshaltung muss der Mediator nachdrücklich korrigieren. Er muss dann auf seine Rolle als neutraler und allparteilicher Dritter ohne Entscheidungsgewalt verweisen.

Fehlende Motivation

Eine Grenze ist auch gegeben, wenn der Konflikt für mindestens einen Beteiligten nicht so bedeutsam ist, er also nicht bereit ist, viel Energie in die Lösung des Konflikts zu investieren. Gründe dafür können sein, dass er den Konflikt nicht als solchen wahrnimmt, sich mit ihm arrangiert hat, nicht an eine Lösung glaubt oder keine Bereitschaft mitbringt, sich mit dem Konfliktpartner auseinanderzusetzen.

Beispiel:

> Eine Führungskraft hat schon viele Mitarbeiter kommen und gehen sehen und ist der Auffassung: „Wem es hier nicht passt, der kann ja gehen!"
>
> Ein Mitarbeiter hat nur noch ein Jahr bis zur Rente und möchte nur eins: seine Ruhe.
>
> Ein Mitarbeiter hat schon so viele Konfliktlösungsmaßnahmen erlebt, dass er nicht mehr an einen Erfolg glaubt und deswegen auch diesem Verfahren keine Chance gibt.

In diesen Fällen ist das Prinzip der Freiwilligkeit berührt. Ohne die Mitwirkungsbereitschaft aller am Konflikt Beteiligten ist Mediation nicht denkbar.

Zu wenig Zeit

Grundsätzlich ist mit einem Mediationsverfahren schneller ein Ergebnis zu erreichen als mit einem Gang vor die Gerichte. In einigen Fällen ist jedoch auch Mediation nicht schnell genug. Muss sofort eine vorläufige Regelung her, so z. B. wenn es um einen sofortigen Baustopp geht, ist sicherlich erst einmal ein Eilverfahren vor Gericht der richtige Weg. Im Anschluss bleibt für ein Mediationsverfahren immer noch genügend Zeit.

Einmaliger Kontakt

Personen, die nur einmalig per Vertrag oder sonst miteinander verbunden sind und vermutlich in der Zukunft keine Beziehungen mehr zueinander pflegen werden, haben typischerweise wenig Interesse, diesen Konflikt durch ein Mediationsverfahren zu lösen. Mediation macht jedoch in solchen Fällen Sinn, wenn es darum geht, sein positives Image nicht zu verlieren oder eine Geschäftsbeziehung friedlich zu beenden.

Eindeutige Rechtslage

In den Fällen, in welchen ein rechtlicher Anspruch eindeutig ist, nur noch der Durchsetzung bedarf und auch keine weiteren Aspekte der Beteiligten berührt sind, wird der Weg zum Anwalt oder Gerichtsvollzieher möglicherweise der interessengerechtere sein.

Beispiel:

Herr Schmidt kauft bei einer großen Elektronikkette einen Fernsehapparat. Er hat bestellt und bezahlt, nur die Lieferung steht noch aus. Seine Motivation für ein Mediationsverfahren dürfte gering ausgeprägt sein. Etwas anderes gilt, wenn Herr Schmidt Zwischenhändler ist und der Kette regelmäßig Lieferungen in einem größeren Umfang abnimmt. Hier dürfte sein Interesse am Erhalt der guten zukünftigen Geschäftsbeziehungen überwiegen. Er wird dann lieber vom Rechtsweg Abstand nehmen und einen einvernehmlichen Interessenausgleich im Wege einer Mediation anstreben.

Interesse an rechtlicher Entscheidung

Es gibt Konflikte, bei denen der Konfliktgegenstand nicht mediierbar ist, sondern eine rechtliche Regelung erforderlich macht. Zu denken ist hier an Straftaten, die Rechtmäßigkeit von verwaltungs- oder arbeitsrechtlichen Entscheidungen oder grundsätzliche Rechtsfragen, die von Bedeutung für die Allgemeinheit sind.

Interesse an einem öffentlichen Sieg

Mediation ist ein vertrauliches Verfahren. Wer ein Interesse daran hat, jederzeit über den Fortschritt der Verhandlungen öffentlich Auskunft zu geben oder Unbeteiligte teilhaben zu lassen bzw. sich regelmäßig in der Presse wiederzufinden, sollte vom Verfahren der Mediation Abstand nehmen.

Auf einen Blick: Wie läuft eine Mediation ab?

- Mediation ist ein strukturiertes Verfahren. Es besteht aus mehreren Phasen, in denen die Konfliktparteien gemeinsam Schritt für Schritt zu einer für beide Seiten akzeptablen Lösung kommen.
- Ein Mediationsverfahren fußt auf Freiwilligkeit und Vertraulichkeit, basiert auf der Neutralität des Mediators sowie der Eigenverantwortung, Informiertheit und Ergebnisoffenheit der Parteien.
- Mediation unterliegt klaren Regeln, deren Einhaltung der Mediator überwacht und die dazu dienen, fruchtbaren Boden für befriedigende Konfliktlösung zu schaffen.
- In einigen Fällen ist Mediation nicht der richtige Weg, so z. B. bei unüberwindbaren Machtgefällen oder bei einem starken Interesse an einer gerichtlichen Lösung.

Mediation in Unternehmen und Organisationen

Überall dort, wo Menschen miteinander arbeiten oder in Geschäftsbeziehung zueinander stehen, kommt es zu Konflikten. Wirtschaftsmediation kann dazu beitragen, wieder ein gutes und produktives Klima zu schaffen.

In diesem Kapitel lesen Sie,

- wo Wirtschaftsmediation helfen kann,
- welche Vorteile diese Mediationsform bietet und
- was ein Wirtschaftsmediator beachten muss.

Was ist Wirtschaftsmediation?

Wirtschaftsmediation in Unternehmen und Organisationen soll helfen, wenn wir es im Berufsleben mit Konflikten personeller, organisatorischer und/oder rechtlicher Natur zu tun haben. Dabei kann es sich sowohl um unternehmensinterne als auch externe Konflikte handeln. Wirtschaftsmediation dient in den meisten Fällen der Aufrechterhaltung der bisherigen betrieblichen und geschäftlichen Beziehungen.

Interne Konflikte

Wirtschaftsmediation im Innenverhältnis berührt alle Streitigkeiten, die sich innerhalb der Organisation oder des Unternehmens abspielen.

Beispiel:

> Dies können Konflikte zwischen Mitarbeitern, unter Führungskräften, zwischen Mitarbeitern und Führungskräften, im Team, mit dem Betriebs- oder Personalrat, zwischen Abteilungen sein, aber auch Konflikte in Familienunternehmen, zwischen den Gesellschaftern, bei Nachfolgeregelungen usw.

Ursachen dieser internen Konflikte sind fast immer auf der Beziehungsebene zu finden. Die Konfliktparteien können nicht miteinander reden, haben wenig Respekt, Achtung und Wertschätzung für den anderen, fühlen sich bei Entscheidungen übergangen, nicht gefragt, nicht gehört, nicht anerkannt. Diese Konflikte sind von starken Emotionen geprägt. Weniger das Recht, als vielmehr der tägliche Umgang und das miteinander Arbeiten werden zu Streitpunkten.

Externe Konflikte

Wirtschaftsmediation im Außenverhältnis betrifft alle Kontakte und damit alle möglichen Konfliktfelder des Unternehmens oder der Organisation nach außen, z.B. zu Kunden, Lieferanten, Vertragspartnern, Endverbrauchern oder auch Tarifparteien. Hier geht es weniger um Konflikte auf der Beziehungsebene als vielmehr um die notwendige Klärung von Rechts- oder Sachfragen. Dies bedeutet, dass ein lösungsorientiertes Vorgehen stark gefragt ist. Es geht hier primär um Aspekte des kooperativen Verhandelns.

Beispiel:

Der Bauherr hält eine fällige Rate gegenüber dem beauftragten Bauunternehmer zurück, da er mit der Qualität der verarbeiteten Materialien nicht zufrieden ist. Dieser beruft sich auf den Vertrag, argumentiert mit Erfüllung durch die vertraglich geschuldete Leistung und verweigert die Weiterführung des Baus.

In dieser und ähnlichen Konstellationen geht es den Beteiligten um schnelle Lösungen, die auf Verhandlungsbasis im Rahmen der Mediation erarbeitet werden.

Neben den speziellen Themen unterscheidet sich die Wirtschaftsmediation von anderen Gebieten der Mediation vor allem durch die Vorgehensweise vor und nach der Mediation sowie durch die Anforderungen an den Mediator: Häufig muss der Mediator über ein Grundverständnis der Organisationsformen und Rahmenbedingungen verfügen, um eine erfolgreiche Verhandlungsführung der Parteien zu ermöglichen. Aus diesem Grund lohnt es sich, nach ausgebildeten Wirtschaftsmediatoren Ausschau zu halten.

Typische Konfliktfelder

Konfliktparteien/Konfliktanlässe	
Innerhalb eines Unternehmens	Mitarbeiter – Mitarbeiter (z.B. Teammediation)
	Vorgesetzter – Mitarbeiter
	Geschäftsführung – Betriebsrat (z.B. arbeitsrechtliche Konflikte)
	Abteilung – Mitarbeiter (Mobbing)
	Abteilung – Abteilung
	Im Rahmen einer Nachfolgeregelung
Zwischen zwei oder mehreren Unternehmen oder Organisationen	Differenzen in der Vertragsauslegung
	Verzug
	Schlechtleistung
	Schadensersatzforderungen und Haftungsfragen
	Streit um Urheberrechte
	Streit um Patente
	Zahlungsstreitigkeiten (Inkasso)
	Konflikte Muttergesellschaft – Tochtergesellschaft
	Konflikte Vorgänger – Nachfolger (Betriebsübergabe)
	Konflikte Mitbewerber – Mitbewerber

Konfliktparteien/Konfliktanlässe	
Zwischen Unternehmen oder Organisation und Endverbrauchern	Konflikte zwischen Partnerunternehmen in einer Arbeitsgemeinschaft
	Differenzen in Joint-Venture Projekten
	Beschwerden
	Haftungsfälle
	Zahlungsstreitigkeiten (Mediation im Inkasso)

Für einen möglichst effizienten und reibungslosen Ablauf wird Wirtschaftsmediation auch begleitend bei großen Projekten und Change Management Prozessen eingesetzt.

Vorteile für Unternehmen und Mitarbeiter

Unbearbeitete Konflikte beeinträchtigen ein Unternehmen in vielfältiger Art und Weise. Hier bietet professionelle Wirtschaftsmediation folgende Vorteile.

Vorteile für das Unternehmen

- Schnellere Lösung als bei Gerichtsverfahren
- Reduzierung externer Kosten (Vermeidung von Anwalts-, Gerichts- und Gutachterkosten)
- Reduzierung interner Kosten (Schonung wichtiger Ressourcen wie Arbeitskraft, Zeit, Energie, Motivation)

- Erhalt und Sicherung der Geschäftsbeziehungen zu Kunden, Lieferanten, Subunternehmern, Kooperations-, Geschäfts- sowie Vertragspartnern
- Vermeidung von Imageverlusten
- Sicherstellung der Vertraulichkeit
- Kontrolle über die Verhandlungen und das Ergebnis
- Verbesserung der Unternehmens- und Konfliktkultur

Vorteile für das Team

- Vermeidung oder Auflösung von Blockadesituationen
- Wiederherstellung und Verbesserung des Arbeitsklimas
- Steigerung der Teameffizienz
- Schonung wichtiger interner Ressourcen (Arbeitskraft, Zeit, Energie, Motivation)
- Erhöhung der zukünftigen Konfliktkompetenz des Teams
- Positiveres Betriebsklima

Vorteile für den Mitarbeiter

- Vermeidung von Demotivation
- Verhinderung von Burn-out
- Schonung wichtiger interner Ressourcen (Arbeitskraft, Zeit, Energie, Motivation)
- Steigerung der Effizienz
- Höhere Identifikation mit dem Unternehmen und dem Team
- Stärkere Bindung des Mitarbeiters an das Unternehmen

Besonderheiten der Wirtschaftsmediation

In der Vorbereitungsphase

Typisch für die Wirtschaftsmediation gerade im innerbetrieblichen Kontext ist, dass der Auftraggeber bzw. der Initiator der Mediation meistens nicht personengleich mit den Konfliktbeteiligten ist. Er beauftragt nur den Mediator und kommt auch für die Kosten des Verfahrens auf. Hierin liegt für die eigentliche Mediation ein Entlastungsfaktor. Der Mediator muss im Erstkontakt mit den Parteien nicht auch noch die Kostenfrage klären. Andererseits droht der Konflikt dadurch zu verschärfen, dass das Verfahren „von oben" angeordnet wurde und die Initiative nicht von den Beteiligten ausgeht.

Treffen mit der Unternehmensleitung (Auftraggeber der Mediation)

Bestandteil der Vorbereitungsphase ist immer auch ein Treffen mit der Unternehmensleitung. Bei diesem Treffen kann die Unternehmensleitung den Konflikt schildern und es können Rahmenbedingungen der späteren Mediation geklärt werden (Kosten, Anzahl der Beteiligten, Ort, Zeiten).

Für den Mediator besteht hier die Gelegenheit, seine Vorgaben für das Verfahren vorzustellen. Zu den Regeln sollte z.B. die Aufhebung der Hierarchien während der Mediation gehören. Ebenso sollte die Tatsache kommuniziert werden, dass der Mediator neutral und allparteilich ist und somit keine

Informationen über Inhalte oder einzelne Mitarbeiter aus dem Verfahren heraus an die Geschäftsleitung herantragen werden.

Es mag ein nachvollziehbares Interesse des Auftraggebers sein, Informationen aus einem Verfahren, welches er selber initiiert hat, zu erhalten. Aber ein Grundprinzip der Mediation ist Vertraulichkeit und dieses gilt auch hier. Der Mediator darf schon aufgrund seiner Stellung im Verfahren keine Details weitertragen.

In der Vorphase kommt der Mediator in Kontakt mit den Konfliktbeteiligten. Hier sollte geklärt werden, wie mit dem später gefundenen Ergebnis umgegangen wird.

Beispiel:

Zwei Projektgruppen ringen in der Mediation über die zukünftige Verteilung der spannenden und der nicht so beliebten Projekte. Hier wird die gefundene und nun umzusetzende Lösung nicht hinter verschlossenen Türen bleiben, sondern sie muss nach außen getragen und im Unternehmen umgesetzt werden. Das Ergebnis unterliegt daher in der Wirtschaftsmediation nicht der Vertraulichkeit, wenn Fragen der Organisation betroffen sind. Möglicherweise haben die Abteilungen aber auch Wege gefunden, wie sie zukünftig besser miteinander kommunizieren können. Hier bleibt es an den Beteiligten zu entscheiden, inwieweit sie auch diesen persönlichen Teil nach außen kommunizieren möchten.

Vorgespräche und Einzelgespräche

Die Wirtschaftsmediation beginnt fast immer mit Einzelgesprächen mit allen am Konflikt Beteiligten. In der Vorphase kommt der Mediator in Kontakt mit den Konfliktbeteiligten.

Hier sollte geklärt werden, wie mit dem später gefundenen Ergebnis umgegangen wird. Der Mediator kann diese Vorgespräche auch mit einem Team oder einer Abteilung führen. Sie dienen in allen Fällen dem Zweck, sich einen Überblick über den Konflikt zu verschaffen. Dies ist auch die Gelegenheit für den Mediator, bei den Medianden Vertrauen in das Verfahren zu schaffen, den Grad der Freiwilligkeit der Teilnahme zu erkennen, die Motivation aller Beteiligten, den Konflikt zu lösen, zu prüfen und zu entscheiden, ob hier eine Mediation das richtige Verfahren ist.

Gleichzeitig kann der Mediator überprüfen, ob er der „Richtige" für diesen Auftrag ist, ob er diesen allein annehmen möchte bzw. sich Unterstützung durch einen Co-Mediator oder einen für das Thema kompetenten Fachmann suchen möchte.

Der richtige räumliche Rahmen

Idealerweise findet die Mediation außerhalb des Unternehmens statt, um für alle Beteiligten Abstand zum Konflikt zu schaffen. Unabdingbar ist es, sich im Vorfeld der Mediation über die räumlichen Gegebenheiten zu informieren. Lässt sich – wenn die Mediation nicht außerhalb stattfindet – im Unternehmen ein für alle Beteiligten neutraler Raum finden? Ist dieser groß genug? Steht die benötigte Technik zur Verfügung (Flipchart, Projektor, Beamer, Stellwände, Moderationsutensilien)? Gibt es einen separaten Besprechungsraum für Einzelgespräche? Ist für Kaffee, Tee, Wasser gesorgt? Gibt es eine Möglichkeit, bei Marathonsitzungen die Verpflegung sicherzustellen?

Spezifische Rahmenbedingungen

Der Mediator trifft in jedem Unternehmen und in jeder Organisation auf unterschiedliche, sehr spezifische Rahmenbedingungen. Diese sollte er kennen und beachten. In der Praxis heißt das, dass er sich vor Beginn der Mediation mit dem Organigramm des Auftraggebers, den geläufigen Prozessen und der allgemeinen Unternehmenskultur auseinandersetzen muss.

Ebenfalls gilt es zu klären, ob der Verhandlungsspielraum nicht schon von vornherein durch bindende Rahmenverträge oder geltende Tarifverträge bzw. bestehende Dienst- oder Betriebsvereinbarungen eingeschränkt ist.

> Bindende Regelungen in Tarifverträgen sind Maßstab für Fragen der Eingruppierung, der Wochenarbeitszeit, der Höhe der Entgelte, der Kündigungsfristen und Probezeiten. Oftmals enthalten sie auch Urlaubsregelungen. Dienst- und Betriebsvereinbarungen regeln die Arbeitszeiten, die Pausen, die Teilzeitmodelle und viele weitere innerbetriebliche Fragen.

In diesen Fällen kann eine Abschlussvereinbarung in der Mediation nicht das geltende Recht aushebeln. Der vorgegebene Rahmen dient vielmehr als Maßstab für das Ergebnis. Etwas anderes gilt natürlich in den Fällen, in denen gerade der Tarifvertrag oder die Dienst- oder Betriebsvereinbarung Gegenstand des Mediationsverfahrens ist.

Mediation trotz Hierarchien

Eine große Herausforderung der Wirtschaftsmediation im Innenverhältnis stellen die oft großen hierarchischen Unterschiede der Beteiligten dar. Hier liegt es am Mediator, für ein

Verhandeln auf Augenhöhe zwischen allen Beteiligten den richtigen Rahmen zu schaffen. Dies kann gelingen, indem er die Unterschiede kennt und auch zeigt, dass ihm die Position des Einzelnen sehr wohl bewusst ist, er jedoch im Interesse des Verfahrens auf eine partnerschaftliche kooperative Zusammenarbeit angewiesen ist. Die Mediation ist nicht der richtige Ort, bestehende Machtungleichgewichte zu verstärken. Vielmehr gilt es, sie auszubalancieren.

Ein Organigramm des Unternehmens kann hilfreich sein zu ermitteln, wer an der Mediation sinnvoller Weise teilnehmen sollte. Oftmals sind die Konfliktbeteiligten nicht die Personen, welche auch die Kompetenz und die Entscheidungsbefugnis für die Themen der Mediation innehaben. Daher wird ein erfahrener Mediator darauf hinwirken, entweder von Anfang an die Entscheidungsträger mit an den Verhandlungstisch zu holen oder sie vor Abschluss der Vereinbarung um ihre Zustimmung ersuchen.

Beispiel:

Mitarbeitern einer Abteilung mit knapper Personaldecke fehlt es an der Entscheidungsbefugnis, neue Mitarbeiter einzustellen oder befristete Verträge zu entfristen. Das heißt, eine Abschlussvereinbarung, welche dieses Ergebnis beinhaltet, ist also wertlos, da es hier der Zustimmung Dritter bedarf.

Ergebnisoffenheit des Auftraggebers

Immer wieder kommt es vor, dass der Mediator vom Auftraggeber ein bestimmtes Ziel für die Mediation übertragen bekommt. Es wäre unrealistisch zu glauben, dass der Initiator des Verfahrens völlig frei und ergebnisoffen ist, was den Ausgang des Verfahrens angeht. Solange sich seine Hoffnung auf ein gutes Ergebnis oder überhaupt eine Entscheidung bezieht, kann der Mediator bedenkenlos den Auftrag übernehmen.

Kritisch wird es immer dann, wenn die Vorgaben des Auftraggebers klar definiert und eng gesteckt sind. Hier stellt sich die Frage nach der Ergebnisoffenheit des Verfahrens.

Beispiel:

> Zwei Führungskräfte mit gleicher Qualifikation streiten um eine ausgeschriebene Stelle. Der Auftraggeber hat einen klaren Favoriten, scheut jedoch die Entscheidung in der Sache und gibt dem Mediator den Auftrag, im Rahmen der Mediation dafür zu sorgen, dass der Konkurrent selbst erkennt, für die Stelle ungeeignet zu sein.

In einem solchen Fall muss der Mediator die Ergebnisoffenheit beim Auftraggeber einfordern.

Häufig kommt es vor, dass vom Mediator erwartet wird, schon feststehende Entscheidungen oder geplante Einschnitte möglichst reibungs- und konfliktfrei an die Beschäftigten zu „verkaufen". Auch dies ist weder die Aufgabe, noch der Sinn eines Mediationsverfahrens.

> Der Mediator ist nicht der verlängerte Arm des Chefs. Wenn für das Verfahren keine Ergebnisoffenheit vorliegt, sollte er im eigenen Interesse den Auftrag ablehnen. Die Grundprinzipien der Ergebnisoffenheit und Neutralität sind in solchen Fällen stark tangiert bis nicht vorhanden.

Anzahl der Beteiligten

Mediationen im und zwischen Unternehmen sind oft mit einer großen Anzahl an Konfliktbeteiligten verbunden. Diese Tatsache stellt den Mediator vor vielfältige Herausforderungen.

Ein Mediationsverfahren bedarf eines Teilnehmerkreises, der in der Sache noch arbeits- und entscheidungsfähig ist. Der Mediator sollte ab ca. ab acht Personen über die Unterstützung durch einen Co-Mediator nachdenken. Dieser kann ihn entlasten, indem er z. B. beobachtet, Ratgeber ist, protokolliert und visualisiert, in den Pausen Rückmeldungen gibt, einspringt, wenn der „Hauptmediator" einmal ratlos ist oder gleichberechtigt neben dem Kollegen agiert.

Oft ist es positiv, wenn der Co-Mediator das andere Geschlecht repräsentiert und einen anderen beruflichen Hintergrund hat.

Trotz allem können die beteiligten Gruppen oder Teams immer noch zu groß sein. Dann ist es notwendig, dass Stellvertreter für die Gruppen in die Mediation entsendet werden. Hier sollte zu Beginn geregelt werden, wann und mit welchen Inhalten diese Stellvertreter Rückkopplung zu ihrer Gruppe vornehmen dürfen, um mit deren Einverständnis den Prozess weiter zu begleiten.

Freiwillige Teilnahme

Typisch für die Mediation in Unternehmen ist es, dass die Beteiligten gerade nicht freiwillig in das Verfahren kommen, sondern hierzu angewiesen wurden.

Beispiel:

 Zwei Mitarbeiter blockieren sich in der gegenseitigen Zusammenarbeit. Der Abteilungsleiter schaut sich dies eine Weile an, beauftragt dann einen Mediator und bittet die Mitarbeiter zu dem Termin mit den Worten, sie könnten zwischen einer Mediation und seiner Entscheidung wählen.

In diesen und ähnlich gelagerten Fällen liegt es auf der Hand, dass die Konfliktbeteiligten nur deshalb vor dem Mediator erschienen sind, weil sie die Konsequenz des Chefs fürchten. Von der vielbeschworenen Freiwilligkeit der Teilnahme kann hier also keine Rede sein. Der Mediator muss noch einmal auf die Grundprinzipien der Mediation verweisen, seine neutrale und allparteiliche Stellung betonen sowie versuchen, bei den Beteiligten Vertrauen in seine Person und in das Verfahren zu schaffen. Hier hilft es oft, wenn er die Umstände des Erstkontaktes klar benennt und offenlegt, dass er Abwehrreaktionen wie Verschlossenheit, Angst und Misstrauen verstehen kann.

Spätestens am Ende der Phase 1 jedoch müssen alle Beteiligten freiwillig erklären, dass sie dieses Verfahren aus freien Stücken wählen – alles andere spräche gegen die Prinzipien der Mediation.

Besondere Kompetenz des Mediators

Im Rahmen einer Wirtschaftsmediation steht der Mediator vor komplexen Herausforderungen. Was also sollte er mitbringen, um diese meistern zu können?

- Lebens- und Konflikterfahrung – gerade in der Wirtschaftsmediation wird dem lebensälteren und gestandenen Mediator der Vorzug gewährt.
- Eine gute und hochwertige Mediationsausbildung (interdisziplinär, starker Praxisanteil).
- Regelmäßige Fort- und Weiterbildungen – Mediation entwickelt sich rasend schnell.
- Gute kommunikative, psychologische und soziologische Kenntnisse.
- Eine Basiskompetenz in dem zu mediierenden Bereich. Ein Grundverständnis von Organisations- und Unternehmensstrukturen sowie typischen Konfliktanlässen ist unabdingbar und erhöht die Akzeptanz beim Auftraggeber. Auch Branchenkenntnis ist hilfreich.
- Hilfreich können juristische und betriebswirtschaftliche Kenntnisse sein. Der Mediator kann sich hier jedoch auch von externen Fachleuten unterstützen lassen.

Auf einen Blick: Mediation in Unternehmen

- Wirtschaftsmediation kann unternehmensintern oder auch zwischen Unternehmen bei Konflikten eingesetzt werden.
- Sie ist schneller, kostengünstiger und besser für das Image als der Gang vor ein Gericht.
- Mediatoren, die Konflikte in und zwischen Unternehmen bearbeiten, müssen viele Besonderheiten der Wirtschaftsmediation beachten, so z.B. in fachlicher, hierarchischer und organisatorischer Hinsicht.

Aufgaben und Kompetenzen des Mediators

Ein guter Mediator steuert die Konfliktbeteiligten sicher zu einer befriedigenden Lösung.

In diesem Kapitel lesen Sie,

- welche Alternativen zur Mediation er kennen sollte,
- wie er am besten steuert und leitet,
- welche Fähigkeiten er haben sollte.

Alternativen der Konfliktbearbeitung bedenken

Ein guter Mediator schaut in jedem Stadium des Verfahrens über den Tellerrand. Schließlich sollte er die Beteiligten zu einer allseits befriedigenden Lösung steuern. Mediation ist eine von vielen Varianten der Konfliktaustragung. Aufgabe des Mediators ist es, immer auch zu prüfen, ob für den konkreten Fall, für diese Beteiligten und unter den gegebenen Umständen der Mediation oder einem alternativen Verfahren der Vorzug zu gewähren ist.

Dabei muss er beachten, dass sich Elemente der Mediation, einzelne Verfahrensschritte oder Methoden und Techniken auch in anderen Verfahren wiederfinden können.

Gerichtsverfahren

Die Gemeinsamkeit zwischen Mediation und einem Gerichtsverfahren liegt in der Einschaltung eines Dritten. Allerdings unterscheidet sich bereits die Stellung dieser dritten Person im Verfahren grundlegend von der eines Mediators. Ist der Mediator der neutrale, allparteiliche Dritte ohne Entscheidungsgewalt, welcher das Verfahren lediglich leitet, so ist der Richter der Entscheider mit Entscheidungsgewalt.

Gerichte beurteilen den vorgetragenen Sachverhalt in einer vergangenheitsbezogenen Sichtweise. Sie sind streng an Recht und Gesetz gebunden. Ein Richter spricht Recht, er entscheidet also, ob ein Anspruch zu Recht besteht oder nicht. In der Regel schafft ein Gerichtsverfahren Gewinner und Verlierer. Auch ein gerichtlicher Vergleich bringt oft nicht den ersehnten Frieden, weil keiner das bekommt, was er eigentlich will, sondern nur einen Kompromiss eingeht. Das Mediationsverfahren dagegen ist stark zukunftsorientiert. Es sucht nicht nach Schuld und Schuldigem, sondern strebt eine Lösung an, wie die Beteiligten zukünftig friedlich miteinander umgehen, arbeiten, wohnen können usw.

Mit einem Urteil eines Gerichtes delegiert man die Entscheidung an einen Dritten. So vergeben sich die Beteiligten die Chance, Handlungs- und Lösungsräume zu erweitern und eigene Sichtweisen darzulegen und die der Gegenseite zu erfahren.

> In bestimmten Fällen ist der Rechtsweg die bessere Alternative, z. B. wenn eine Rechtsposition eindeutig ist oder wenn es einem der Beteiligten vorrangig darum geht, Recht zu bekommen und dieses durchzusetzen.

Beispiel:

Ein vor der Trennung stehendes Ehepaar kommt zum Mediator. Einer der beiden Partner formuliert als Ziel, für sich alles zu wollen: Sorgerecht, Kinder, Haus und sonstiges Vermögen. Er gibt auch bekannt, wenn für den anderen nichts bliebe, läge das durchaus in seinem Interesse. Dieser Konfliktpartner ist auf dem Rechtsweg bestens aufgehoben, geht es ihm doch ausschließlich darum, ein selbst gestecktes Maximalziel zu erreichen. Er will eben gerade keine einvernehmliche Lösung, welche auch die Interessen des anderen berücksichtigt. Hier fehlt es an der Voraussetzung der Ergebnisoffenheit. Die Sache lässt sich dann nur durch Gerichte klären.

Schiedsgerichtsverfahren

Auch das Schiedsgerichtsverfahren ist eine Delegation der Entscheidung an eine unbeteiligte dritte Instanz. Die Schiedsgerichtsbarkeit stellt eine private Alternative zur staatlichen

Gerichtsbarkeit dar. Ihr Ziel ist die Erlangung einer rechtskräftigen Entscheidung. Grundlage hierfür ist eine Schiedsvereinbarung zwischen den Konfliktbeteiligten. Schiedsgerichtsverfahren sind auf die Entscheidung von Rechtsfragen bzw. -streitigkeiten ausgerichtet. Hier schlagen auch die Vorteile gegenüber den staatlichen Gerichten zu Buche. Sie liegen in einer freien Wahl des Schiedsgerichts, mehr Flexibilität und einer schnelleren Entscheidung. Im Vergleich zur Mediation gilt das Gleiche wie beim Gerichtsverfahren.

Schlichtung

Das Schlichtungsverfahren vor den zuständigen Schieds- bzw. Gütestellen zielt auf eine Einigung der Parteien ab. Häufigster Anwendungsbereich sind vermögensrechtliche Streitigkeiten bis zu 750 Euro, Nachbarschaftsstreitigkeiten oder auch Fälle der Verletzung der persönlichen Ehre. Der Schlichter (Schiedsmann, Schiedsfrau) versucht, den Parteien einen Schlichtungsvorschlag zu machen, den beide Seiten akzeptieren können. Er darf jedoch nur vermitteln, nicht selber entscheiden. Das Verfahren endet durch einen Vergleich, der als solcher dann auch wie ein rechtskräftiges Urteil vollstreckbar ist. Kommt es nicht zu einer Einigung, bescheinigt der Schiedsmann bzw. die Schiedsfrau die Erfolglosigkeit der Schlichtung.

> In einigen Bundesländern ist bei bestimmten Streitigkeiten eine Klage zu den ordentlichen Gerichten erst zulässig, wenn die Beteiligten zuvor vor einer Schlichtungsstelle einen Einigungsversuch unternommen haben.

Der Schlichter hat starke Parallelen zum Mediator, übernimmt aber mehr inhaltliche Verantwortung und unterbreitet eigene Vergleichsvorschläge.

Therapie

Eine Therapie ist die gezielte und umfassende Behandlung von seelischen Problemen sowie psychosozialen- und/ oder psychosomatischen Leiden. Sie unterstützt Menschen bei Störungen im eigenen Erleben, Fühlen, Denken oder Handeln. Sie beschäftigt sich also mit intrapersonalen Konflikten, die eine Person in sich trägt.

Hier liegt der Unterschied zur Mediation: Damit sie erfolgreich ist, sollten die Beteiligten in der Lage sein, sich selber, ihr eigenes Verhalten und das anderer zu reflektieren und autonom und selbstverantwortlich nach Lösungen für die Zukunft zu suchen und somit ihr Leben selber zu gestalten. Mediation ist der Zukunft zugewandt und kann daher nicht dazu beitragen, vergangenheitsbezogene, tiefer gehende psychische Probleme zu analysieren und aufzuarbeiten. Ein Mediator mit therapeutischem oder psychologischem Ausbildungshintergrund sollte genau darauf achten, dass die Grenzen zwischen Mediation und Therapie nicht verwischen. Mediatoren ohne diese Kenntnisse können zusätzliche Kollegen mit entsprechender fachlicher Ausbildung hinzuziehen, wenn sie nicht sicher sind, ob ein Mediand in der Lage ist, das Verfahren zu durchlaufen.

Beratung

Der Berater unterstützt seinen Klienten mit seinem Wissen und seinem Erfahrungsschatz bei dessen beruflicher, persönlicher, geistiger oder auch spiritueller Weiterentwicklung. Mediation hingegen ist die Vermittlung im Konfliktfall für zwei oder mehr Beteiligte. Sie hat nicht zur Aufgabe, einen der Konfliktpartner in oben beschriebener Weise zu begleiten. Insbesondere wird der Mediator den Medianden keine persönlichen Ratschläge unterbreiten, die den Konflikt oder ihre persönliche Entwicklung betreffen.

Coaching

Coaching ist freiwilliges Arbeiten in vertraulichem Rahmen unter vier Augen. Es ist auf das Erreichen der Ziele des Coachee ausgerichtet, setzt dabei jedoch auf dessen Eigenverantwortung und ermöglicht ihm Selbsterkenntnis und Veränderungprozesse. Hierin liegen viele Überschneidungen mit der Mediation. Dennoch unterscheiden sich beide Instrumente. Mediation ist ein Verfahren zur Deeskalation bestehender Konflikte. Ein Coaching dient eher präventiven Zielen für den Einzelnen, nämlich eine solche Konfliktsituation gar nicht erst entstehen zu lassen bzw. dabei zu unterstützen, besser mit Konfliktsituationen umzugehen.

Supervision

Die Supervision, welche die Problemlösung durch die Ratsuchenden selber zum Ziel hat, ist eng verwandt mit der Mediation. Sie wird häufig von Sozialarbeitern, Seelsorgern oder Psychotherapeuten genutzt. Supervision bietet ihnen die Möglichkeit, regelmäßig über sich zu reflektieren und sich systematisch in ihrer Tätigkeit zu verbessern.

> Auch Mediatoren sollten regelmäßig eine Supervision nutzen (einzeln oder im Team), um sich selber zu reflektieren bzw. wiederkehrende Situationen und Muster, Blockaden oder eigene Grenzen zu bearbeiten.

Die Arbeitsweise der Supervision ist eng an die der Mediation angelehnt, sie dient jedoch nicht unbedingt der Lösung eines konkreten Konflikts, sondern soll die berufliche Kompetenz und Professionalität steigern.

Das Verfahren strukturieren und leiten

Mediation funktioniert nur, wenn sie einer festen Struktur folgt. Diese einzuführen und beizubehalten, gehört zu den Hauptaufgaben und den größten Herausforderungen des Mediators. Der Grund: Die Medianden neigen dazu, sich nicht an die vorgegebene Struktur zu halten und sich häufig wieder in alten Verhaltens- und Kommunikationsmustern zu verstricken. Hier ist das Fingerspitzengefühl des Mediators gefragt. Es gilt zu lenken, zu leiten, zu stoppen, zu unterbrechen, Regelverletzungen anzusprechen und gegebenenfalls zu sanktionieren.

Sich Akzeptanz verschaffen

Die Rolle und Position des Mediators müssen unmissverständlich und eindeutig sein. Er ist der Herrscher des Verfahrens, er hat die Oberhand über den Ablauf. Demokratie ist hier nur hinsichtlich der Verfahrensinhalte gefragt, die durch die Medianden eingebracht werden. Die hierfür erforderliche Akzeptanz muss sich der Mediator erarbeiten durch

- Vertrauensbildung,
- gute inhaltliche Vorbereitung,
- gute organisatorische Vorbereitung,

- kompetente Leitung der Verhandlung,
- Schaffung eines guten Klimas und einer fairen Streitkultur,
- zielgerichtetes Vorgehen.

Um sich in diesem Sinne Akzeptanz zu verschaffen, braucht ein Mediator Folgendes:

Eigenschaften und Haltungen des Mediators	
Offenheit	Er muss gegenüber allen Verfahrensbeteiligten und deren Argumenten unvoreingenommen sein. Dazu gehört auch, dass seine Vorgehensweise und die Rahmenbedingungen zu Beginn verhandelbar sind.
Verlässlichkeit	Er muss hinsichtlich Absprachen und Vertraulichkeit verlässlich sein. Er darf keine Tricks anwenden.
Transparenz	Indem er klärt, hinterfragt und offenlegt, schafft er Transparenz hinsichtlich der vorgebrachten Argumente, Positionen und Interessen sowie hinsichtlich der Methoden, Ziele und Arbeitsschritte.
Neutralität	Er soll allparteilich und persönlich unabhängig von der örtlichen Parteienlandschaft, eventueller Mehrheiten und vorhandener Vorstellungen arbeiten. Er darf keine eigenwirtschaftlichen Interessen am Ausgang des Konflikts haben. Er ist zuständig für das methodische Vorgehen, die Teilnehmer sind zuständig für den Inhalt.

Eigenschaften und Haltungen des Mediators	
Vertraulichkeit	Er ist nach außen verschwiegen. Vertrauliche Gespräche mit einer Partei führt er nur, wenn die andere Partei einverstanden ist. Er stellt die Vertraulichkeit des Verfahrens sicher.

Kommunikative Kompetenzen

Das wichtigste Instrument der Mediation ist die Kommunikation. Es werden sich über alle Phasen hinweg immer wieder neue, spannende Herausforderungen stellen, auf die sich der Mediator nur bedingt vorbereiten kann.

Um trotzdem jederzeit gewappnet zu sein, gibt es einige grundlegende Techniken, welche dem Mediator neben vielen anderen in seinem „Handwerkskoffer" jederzeit zur Verfügung stehen sollten.

Grundlegende Gesprächstechniken

Der Mediator sollte folgende Techniken beherrschen, damit er die Kommunikation steuern kann – eine unabdingbare Voraussetzung für die Mediation.

Ich-Botschaften fördern

Eine Ich-Botschaft beginnt mit dem Wort „Ich", enthält eine Situationsbeschreibung und die Formulierung einer Emotion oder eines Gefühls. Wer Ich-Botschaften sendet, meidet automatisch Du-Botschaften, die meist verletzend, wertend oder abwertend wirken. Er formuliert seine eigene Botschaft.

Schlagworte wie „immer", „andauernd", „nie" kommen dabei nicht vor.

Beispiel:

Du-Botschaft: „Immer kommst du zu spät."
Besser als Ich-Botschaft: „Ich bin enttäuscht, dass du heute zu spät gekommen bist, denn ich hatte mich sehr auf das Essen mit dir gefreut!"

Der Mediator leitet die Konfliktbeteiligten an, von ihren eigenen Erfahrungen und Gefühlen zu sprechen und sich nicht hinter Du-Aussagen und Pauschalisierungen (wie z. B. „man") zu verstecken. Er ermutigt die Medianden, klar zu benennen, worum es konkret geht und welche Gefühle bei ihnen ausgelöst werden.

Aktives Zuhören fördern

Wer aktiv zuhört, hört dem anderen *wirklich* zu. Er ist im Moment des Zuhörens ganz für den anderen da und signalisiert dies auch körpersprachlich. Konkret bedeutet aktives Zuhören, dass sich der Zuhörer dem Sprechenden zuwendet und Blickkontakt herstellt, durch Nicken oder kurze bestätigende Laute wie „ah" oder „mhm" seine Aufmerksamkeit signalisiert und ihn natürlich vor allem ausreden lässt. In einem etwas weiter gefassten Verständnis geht das soweit, dass der Zuhörer anschließend in eigenen Worten wiedergibt, was er verstanden hat.

Beispiel:

„Wenn ich Sie richtig verstanden habe, dann ..."
„Sie wollen damit zum Ausdruck bringen, dass ..."
„Was ich von dem verstanden habe, was Sie sagten, ist ..."

Der Zuhörer versucht, die Aussagen des anderen sachlich und emotional richtig zu verstehen. Aktiv Zuhören heißt nicht, von sich selber zu erzählen, zu werten, zu qualifizieren oder sonst irgendwie zu interpretieren, sondern sich nur auf das zu konzentrieren, was der andere sagt. Dies erfordert Zeit und einen entsprechenden Rahmen, der in der Mediation zur Verfügung steht. Der Vorteil: Wer sich verstanden fühlt, ist sicherer, fühlt sich ermutigt, mehr zu erzählen, und ist seinerseits eher bereit, dem anderen zuzuhören. Aktives Zuhören fördert also das gegenseitige Vertrauen und die Wertschätzung. Außerdem hilft es, Missverständnisse zu vermeiden. Für die Kommunikation in der Mediation ist es deshalb in zweifacher Hinsicht hilfreich: Der Mediator hört selbst aktiv zu, leitet aber auch die Konfliktparteien an, sich aktiv zuzuhören.

Zusammenfassen

Der Mediator fasst das, was er gehört hat, mit eigenen Worten zusammen. Diese Technik benutzt der Mediator, um zu verstärken, zu konzentrieren und zu fokussieren. Sie ist daher ein ordnendes Instrument. Zusammenfassen heißt nicht, etwas wörtlich zu wiederholen. Vielmehr formuliert der Mediator das Gesagte in einer für den Fortgang der Mediation hilfreichen Weise positiv um. Dabei sollte der Kern der Aussage erhalten bleiben. Es bedarf keiner Weichmacherei, Interpretation oder gar Manipulation. Hilfreich ist es daher, nicht die negativen Anteile, sondern die in der Aussage steckenden Ressourcen zu betonen.

Beispiel:

Ein Paar sitzt beim Mediator, und die Frau beginnt über die Ehe zu berichten: „Jeden Abend kommst Du schlecht gelaunt nach Hause. Du siehst gar nicht, was ich am Tag alles gemacht habe, ziehst Dir nicht mal die Schuhe aus, gehst direkt an Deinen Computer und sprichst nicht mit mir."

Der Mediator: „Frau ..., was ich von Ihnen gehört habe, ist Folgendes: Sie erleben Ihren Mann am Abend in negativer Stimmung und wünschen sich, dass er mehr sieht und wertschätzt, was Sie am Tag geleistet haben. Außerdem würden Sie am Abend gern mehr mit ihm reden. Ist das so richtig oder habe ich etwas überhört?"

Nachdem der Mediator die Aussagen eines Beteiligten zusammengefasst hat, fragt er stets nach, ob seine Formulierungen richtig waren, und lässt dem Medianden Zeit, die Zusammenfassung eventuell zu korrigieren. Der Mediator sollte genau darauf achten, jeden Medianden einzeln zusammenzufassen. Werden hier Unterschiede deutlich, so sollten diese betont und nicht „zwangsharmonisiert" werden.

Fragetechniken

Wer fragt, der führt! Dieser Grundsatz gilt auch und erst recht in der Mediation. Hier können Fragen unterschiedliche Funktionen haben. Der Mediator

- leitet damit durch die verschiedenen Phasen,
- unterstützt die Beteiligten, ihre Sichtweise zu klären,
- stärkt die Eigenverantwortlichkeit und Autonomie der Beteiligten,
- unterstützt einen Perspektivwechsel,
- hilft, Blockaden zu überwinden,
- hinterfragt Wahrnehmungen und Annahmen.

Nach ihrer Funktion können folgende Fragen unterschieden werden: Eröffnungsfragen, Informationsfragen, Beurteilungsfragen, fokussierende Fragen, Hypothesenfragen, einbeziehende Fragen, Schlussfragen und viele mehr.

Reframing (Umformulierung von Aussagen)

Wertende Äußerungen der Parteien führen häufig zur Eskalation, da der Bewertete sich zu Unrecht angegriffen fühlt und seinerseits feindselig formuliert. Diese Art der Kommunikation ist destruktiv und ist nicht zielführend. Die Aufgabe des Mediators ist es, verletzende, abwertende oder provozierende Formulierungen mit eigenen Worten in eine annehmbare neutrale Version umzuformulieren.

Beispiel:

„Mein Mann ist ja immer so wichtig! Wie sollen wir denn miteinander reden, wenn der gnädige Herr permanent auf vier Hochzeiten tanzt?" Umformulierung des Mediators: „Wenn ich Sie richtig verstehe, wünschen Sie sich von Ihrem Mann mehr Zeit für gemeinsame Gespräche?"

Körpersprache als non-verbale Kommunikation erkennen

Ein Mediator sollte seine eigene Körpersprache steuern und körpersprachliche Indizien bei den Medianden erkennen und deuten können. Dabei ist vor allem Folgendes wichtig: Ein körpersprachliches Signal beinhaltet nicht zwingend eine bestimmte Aussage, kann jedoch im Zusammenspiel mit dem, was und wie es gesagt wird, für den Mediator ein Indiz für eine Grundstimmung oder eine Grundaussage sein.

Interpretatives Know-how und Klärungshilfe

Durch geeignete Fragen und Interventionen fördert der Mediator den Erkenntnisprozess der Medianden. Hier gilt: Will ich, dass der andere mein Anliegen versteht, muss ich mir zunächst meiner eigenen Beweggründe bewusst sein. Dies wird jedoch nur gelingen, wenn es der Mediator durch seine Persönlichkeit, seine Leitung und seine Kompetenz schafft, das Vertrauen der Medianden zu gewinnen – in seine Person und in das Verfahren.

Einzelgespräche während der Mediation

Jeder Mediator muss sich entscheiden, ob Einzelgespräche ein Instrument sind, welches er anwenden möchte. Einzelgespräche bergen Chancen und Risiken.

Chancen von Einzelgesprächen

- Der Mediator kann vor der eigentlichen Mediation für Vertrauen in seine Person und in das Verfahren werben.
- Er bekommt mehr Informationen als in einem Gruppengespräch und damit ein umfassenderes und individuelleres Konfliktbild.
- Der Mediand fasst unter vier Augen möglicherweise mehr Mut, bestimmte Aspekte anzusprechen.
- Der Mediator kann einem Medianden unter vier Augen eine persönliche Rückmeldung geben und versuchen, Blockaden aufzulösen.

Risiken von Einzelgesprächen

- Das Vier-Augen-Gespräch kann von einem Medianden benutzt werden, um den Mediator auf seine Seite zu ziehen.
- Der Mediator wird oft mit vielen, nicht zum eigentlichen Konflikt gehörenden Informationen überschüttet.
- Er verliert möglicherweise durch das im Vertrauen gewonnene Wissen seine Neutralität und geht nicht mehr ergebnisoffen in das Verfahren.
- Falls der Mediand die Vertraulichkeit der Einzelgespräche nicht aufhebt, ist der Informationsgleichstand aller an der Mediation Beteiligten nicht mehr gewährleistet.
- Die Beteiligten entwickeln eventuell Vorbehalte gegen den Mediator, weil sie Vermutungen darüber anstellen, was er im Einzelgespräch vom Konfliktpartner erfahren hat.

Verhandlungstechniken

Spätestens in der Lösungsphase sind Verhandlungstechniken gefragt. Eine der klassischen Methoden, möglichst viele unbewertete Lösungsoptionen zu sammeln, ist das Brainstorming. Hierbei schreiben die Medianden ihre Vorschläge auf Kärtchen oder lassen sie vom Mediator an eine Flipchart schreiben. Im anschließenden Bewertungsprozess sollte jeder Mediator drei bis vier gute Verhandlungsmodelle im Kopf haben, die er den Medianden vorschlagen kann.

Verhandlungsmodell	Worum geht es dabei?
Geben-Nehmen-Modell	Jeder bekommt das, was er will, und gibt dem Verhandlungspartner einen gleichwertigen Ersatz dafür.
Orangenteilungsmodell	Jeder bekommt die Stücke vom Kuchen, die ihm persönlich am Wichtigsten sind (Beispiel: Bei der Orange möchte einer den Saft und der andere die Schale).
Basar-Modell	Verhandelt wird unabhängig von den tatsächlichen Werten. Jeder bietet etwas an, was den Handel für den anderen attraktiv machen soll.
Halbe-Halbe-Modell	Es wird alles in Wertigkeiten addiert und dann aufgeteilt, d.h. die Konfliktgegenstände werden in Euro umgerechnet und jeder bekommt einen gleichen Anteil.
Einmal-der-eine-einmal-der-andere-Modell	Erst darf der eine wählen, dann der andere.
Bewertungsmodell	Die Parteien bewerten die Vorschläge anhand von Kriterien (Schulnoten, Punkte, plus-minus). Die Vorschläge, die auf beiden Seiten die besten Ergebnisse erzielen, werden umgesetzt.

Verhandlungsmodell	Worum geht es dabei?
Pro-contra-Modell	Jeder Vorschlag wird nach Pro- und Contra-Argumenten bewertet, die Vorschläge mit den meisten Pro-Argumenten kommen in die Auswahl.

Moderationstechniken

Mediatoren tragen die Verantwortung, dass die Struktur des Verfahrens eingehalten wird. Gleichzeitig müssen sie die Bereitschaft und Motivation der Beteiligten fördern und dafür sorgen, dass der Austausch in Gang kommt und ergebnisorientiert verläuft.

Dabei benötigt der Mediator alle Kompetenzen eines Moderators. Er startet und steuert den Prozess. Er unterbricht, er macht Pausen, verlangsamt oder beschleunigt, schließt ab und eröffnet erneut. Dabei darf ihm das Verfahren niemals entgleiten. Er sorgt für Struktur und deren Einhaltung. Er setzt Grenzen und zeigt Konsequenzen bei Regelverletzungen auf. Er ist aber auch in der Lage, jederzeit aktuelle Strömungen und Blockaden zu erkennen, ihnen den Vorrang einzuräumen, Störungen zu bearbeiten, um dann jedoch wieder in die Struktur zurückzukehren.

Psychologische Kompetenzen

In der Mediation haben sich in den letzten Jahren insbesondere zwei Strömungen manifestiert. So stehen sich der juristische und der psychologisch geprägte Ansatz gegenüber, jeweils unter der Annahme, den „besseren" Weg darzustellen. Mediation jedoch ist weder „Anwaltssache", noch ausschließlich bei den Psychologen oder Therapeuten beheimatet. Vielmehr verbindet das Verfahren verschiedene Kompetenzfelder. Der fachlich versierte Mediator sollte beiden Richtungen zu ihrem angemessenen Stellenwert verhelfen.

Besonderheiten der psychologischen Konzepte

In den psychologischen Konzepten werden bestimmte Punkte in einer Mediation stärker betont als beim juristischen Ansatz. Daher gilt es, jeweils für den konkreten Einzelfall zu entscheiden, wo der Schwerpunkt für die Medianden liegen sollte.

Die Besonderheiten der psychologisch orientierten Ansätze sind:

- Die Lösungen gehen über den zu behandelnden Einzelfall hinaus.
- Emotionen haben einen hohen Stellenwert in der Mediation.
- Die Vergangenheit wird stärker in den Prozess mit einbezogen und die Beteiligten haben die Chance, ihre Beziehungen in der Vergangenheit zu beleuchten sowie für die Zukunft neu zu bestimmen und zu entwickeln.
- Den Beteiligten wird ein Erfahrungszuwachs ermöglicht: Sie verstehen sich selbst und die Gegenseite besser (Werte, Anliegen, Wünsche, Vorstellungen, innere Antreiber).

- Die Beteiligten lernen, anders und erfolgreicher miteinander zu reden, Probleme zu benennen, zu analysieren und Schritte für die Zukunft zu vereinbaren.
- Es wird nach konsensorientierten Lösungen gesucht.

Wissen um Konflikte und ihre Verläufe

Zu Beginn der Mediation schildern die Beteiligten den Konflikt – dies dient dem Mediator als Arbeitsgrundlage. Auf dieser Basis kann er Hypothesen im Hinblick auf die Medianden, den Konflikt und die eigene Arbeitsweise entwickeln. Er muss jedoch auch fähig sein, folgende Dinge zu erkennen: Um welchen Konflikttyp handelt es sich? Wie weit ist der Konflikt schon eskaliert? Ist die Mediation schon oder noch das richtige Instrument? Nur wenn ein Mediator den Konflikt in die richtige Eskalationsstufe einordnen kann, kann er auch die richtige Konfliktbearbeitungsstrategie anwenden. Erst wenn der Mediator sich einen Überblick verschafft hat, ob der Konflikt mediationsgeeignet ist und ob die Beteiligten von ihrer Persönlichkeitsstruktur fähig und gewillt sind, gemeinsam mit dem Konfliktgegner nach einer einvernehmlichen Lösung zu suchen, hat er die Möglichkeit, tätig zu werden.

Konflikthandhabungsstrategien kennen

Nicht die Konflikte an sich, sondern der Umgang mit ihnen birgt Gefahren für das soziale Leben. Dieser kann konstruktiv oder destruktiv sein, Fortschritt, Stillstand oder auch Zerstörung bringen. Das von K. Thomas weiterentwickelte Modell der Konflikthandhabungsstile stellt fünf unterschiedliche Grundstile dar, auf Konflikte zu reagieren. Jeder Mensch hat seinen eigenen Stil, der sich im Vorfeld der Mediation gezeigt hat und sich dann auch auf die Mediation auswirkt. Aufgabe des Mediators ist es, diesen Stil zu identifizieren sowie herauszuarbeiten, ob es im Rahmen der Mediation möglich sein wird, dass die Medianden sich von destruktiven Strategien verabschieden, um sich der konstruktiven konsensorientierten Zusammenarbeit zu stellen.

Destruktive Strategien

1. **Vermeidung**
   - Konflikt ignorieren
   - Problem vertagen
   - Auf bürokratische Erledigung hoffen
   - Konfliktinformationen geheim halten
   - Rückzug
   - Anspruchsniveau senken

   Sowohl der Versuch, die eigenen Interessen durchzusetzen, als auch die der anderen zu berücksichtigen, sind bei diesem Stil schwach ausgeprägt. Der Mediator muss deshalb darauf achten, dass die Beteiligten die unterschiedlichen Interessen benennen und Zwangsharmonisierung vermeiden.

2. **Machteinsatz**
   - Autorität nutzen
   - Informationen manipulieren
   - Koalitionen schmieden

- Machtkampf
- Vollendete Tatsachen schaffen
- Gegner diffamieren
- Gegner nicht beteiligen

Der Versuch, die eigenen Interessen durchzusetzen, ist hier stark ausgeprägt. Die Interessen der anderen spielen keine Rolle, die Strategie ist unkooperativ. Der Mediator hat hier noch einmal zu betonen, dass das Ziel einer Win-win-Lösung nicht erreicht werden kann, wenn die anderen Beteiligten nicht ebenso mit im Boot sitzen.

3. **Anpassung**
   - Beziehung ist wichtiger
   - Nachgeben
   - Sich unterordnen
   - Harmonisieren
   - Anspruchsniveau senken

Die eigene Interessensetzung ist bei diesem Stil nur schwach ausgeprägt, die Strategie dagegen sehr kooperativ. Dem Einzelnen geht es primär um die Interessen des anderen. Der Mediator muss in diesem Fall ein Auge darauf haben, dass auch der sich anpassende Teil seine Interessen äußert und dementsprechend vertritt. Sollte ein unüberbrückbares Ungleichgewicht vorliegen, muss gegebenenfalls über den Abbruch der Mediation nachgedacht werden.

4. Kompromiss

- Verhandeln heißt: Jeder muss etwas nachgeben
- Feilschen, Drohen, Kämpfen, Einlenken
- Brauchbare statt optimale Lösungen

Alle Beteiligten kämpfen hier um ein Höchstmaß an Durchsetzung der eigenen Positionen. Am Ende steht ein klassischer Kompromiss. Jeder hat etwas nachgegeben. Keiner hat bekommen, was er wollte. Der Mediator kann hier auf der Interessenebene arbeiten und schauen, ob es auf dieser tiefer liegenden Ebene nicht doch Lösungen gibt, die für alle Beteiligten ein befriedigendes Ergebnis sicherstellen.

Konstruktive Konflikthandhabungsstrategie
Zusammenarbeit – Konsens

- Differenzen diskutieren
- Interessen offenlegen
- Gemeinsam nach neuen Alternativen suchen
- Optimale Lösungen suchen
- Win-win anstreben

Bei der kooperativen Zusammenarbeit geht es allen Beteiligten um die Suche nach einer Lösung, welche vollumfänglich sowohl die eigenen Interessen als auch die des anderen berücksichtigt. Die Strategie ist kooperativ. Der Mediator kann hier nach der klassischen Struktur der Mediation arbeiten.

Der Umgang mit Emotionen

Oftmals kommt es im Laufe einer Mediation zu starken Emotionen. Der Mediator hat die Aufgabe, diese zu erkennen, sie einzuordnen und die geeignete Interventionsstrategie zu wählen. Emotionen lassen sich durch Wahrnehmung der Körpersprache, Gesichtsfarbe, des Stimmtempos, der Lautstärke und anderer Merkmale erkennen. Ein gängiges Instrument der Einordnung ist es, die wahrgenommene Emotion offen anzusprechen. Der Mediator spiegelt dem Medianden quasi die Gefühle, die er bei ihm wahrgenommen hat, indem er diese Gefühle in seinen eigenen Worten schildert.

Beispiel:

Der Mediator zum Medianden: „Verstehe ich Sie richtig, dass die Reaktion Ihres Partners Sie damals sehr verletzt hat und dass Sie das auch heute noch traurig macht?" Diese enge Interaktion ermöglicht ein „Sich-verstanden-Fühlen" des Medianden. Er kann den Mediator bestätigen oder korrigieren.

Der Mediator hat die Aufgabe, seine Vorgehensweise auf die wahrgenommene Emotion abzustimmen. Er kann dabei

- darauf hinwirken, die objektive Ursache der Emotion zu entfernen, indem Bedürfnisse oder Interessen der Beteiligten befriedigt werden.
- den Parteien Gelegenheit geben, ihren Emotionen Ausdruck zu verleihen. Hierbei sollte der Mediator allerdings nach Formen suchen, welche die zuvor aufgestellten Grundregeln nicht verletzen und die den Konflikt nicht weiter eskalieren lassen.

- darauf hinwirken, dass die Emotionen der Beteiligten weniger im Vordergrund stehen. Mitunter ist es dem Verfahren nicht zuträglich, die Emotionen zu benennen und auszuleben, weil die Gefahr der Eskalation und des Scheiterns zu groß ist.

Auf einen Blick: Aufgaben des Mediators

- Mediation ist nicht immer der ideale Weg. Der Mediator sollte auch immer prüfen, ob andere Wege der Konfliktbearbeitung in Betracht kommen.
- Der Mediator leitet das Verfahren und schafft die Strukturen, innerhalb derer die Parteien selbst Lösungen für sich finden.
- Der Mediator muss Gesprächs-, Verhandlungs- und Moderationstechniken beherrschen. Er nutzt diese Instrumente, um den Prozess der Mediation zu steuern. Er leitet aber auch die Beteiligten an, zielführende Kommunikationstechniken anzuwenden.
- Psychologische Kompetenzen ermöglichen es dem Mediator, mit den Konflikthandhabungsstrategien und den Emotionen der Beteiligten richtig umzugehen bzw. sie zum lösungsorientierten Umgang mit ihren Gefühlen anzuleiten.

Rechtliche Grundlagen

Mediation war bisher nicht gesetzlich geregelt. Jetzt gibt es ein neues Gesetz, das der Mediation erstmals eine rechtliche Grundlage gibt.

In diesem Abschnitt lesen Sie,

- was das Mediationsgesetz bringt,
- wie das Berufsbild eines Mediators aussieht,
- wie sich ein Mediator rechtlich absichern kann.

Das Mediationsgesetz

Das „Gesetz zur Förderung der Mediation und anderer Verfahren der außergerichtlichen Konfliktbeilegung", kurz „Mediationsgesetz" genannt, stellt Mediation in Deutschland erstmalig auf eine gesetzliche Grundlage. Wesentliches Ziel des Gesetzes ist es, die Mediation und andere Verfahren der außergerichtlichen Konfliktbeilegung zu fördern. Das Gesetz stärkt die Mediation, indem es die Vertraulichkeit des Verfahrens durch eine Verschwiegenheitspflicht von Mediatoren schützt und die Vollstreckbarkeit von Mediationsvereinbarungen erleichtert.

Die wichtigsten Aspekte

Bislang waren weder der Begriff des Mediators, noch die Definition der Mediation, bestimmte Standards des Verfahrens oder der Aus- und Fortbildung der Mediatoren gesetzlich geregelt. Mit dem Mediationsgesetz werden nunmehr aus Gründen der Qualitätssicherung und der Markttransparenz Rahmenbedingungen der Mediation geschaffen und festgelegt.

Das Gesetz regelt u.a.:

- Definition der Mediation und des Mediators
- Aufgaben des Mediators
- Wahlrecht der Parteien den Mediator betreffend
- Möglichkeit von Einzelgesprächen während der Mediation bei Zustimmung aller Beteiligter

- Einbeziehung Dritter in das Verfahren bei Zustimmung aller Beteiligter
- Die Abschlussvereinbarung
- Verschwiegenheitspflichten des Mediators
- Aus- und Weiterbildung der Mediatoren
- Vollstreckbarerklärung von Abschlussvereinbarungen

Das Berufsbild des Mediators

Das Berufsbild des Mediators und das Verfahren der Mediation sind noch in der Entwicklung. In der Regel wird die mediative Tätigkeit ein Zusatz zum eigentlich ausgeübten Beruf sein. Die Kompetenzen und Fähigkeiten eines Mediators erwerben die Betreffenden durch eine entsprechende Ausbildung oder ein Studium bei einem hierauf spezialisierten Ausbildungsinstitut, einer Hochschule oder einer Universität. Die Ausbildungslandschaft ist unübersichtlich, vielfältig und teils sehr komplex. So können Grundkompetenzen in Kurzseminaren, ein- bis dreijährigen Ausbildungsgängen oder mittels eines Fernstudiums erlangt werden.

Wie lang eine gute Ausbildung sein sollte, ist schwer zu bestimmen. Das Mediationsgesetz präzisiert die Anforderungen an die Grundkenntnisse und Kernkompetenzen eines zertifizierten Mediators. Danach muss die Ausbildung folgende Inhalte gewährleisten:

- Kenntnisse über Grundlagen der Mediation sowie deren Ablauf und Rahmenbedingungen,
- Verhandlungs- und Kommunikationstechniken,

- Konfliktkompetenz,
- Kenntnisse über das Recht der Mediation,
- die Rolle des Rechts in der Mediation,
- praktische Übungen, Rollenspiele und Supervision.

In der Praxis erwerben vornehmlich solche Personen die weitere Kompetenz eines Mediators, die schon in ihrem originären beruflichen Tätigkeitsbereich in konfliktnahen Feldern arbeiten:

- Juristen: Anwälte, Richter, Notare, Justiziare, Beschäftigte einer Rechtsabteilung oder einer Kanzlei
- Gutachter
- Personen in psychologischen Grundberufen
- Personen in therapeutischen Grundberufen
- Personen in sozialpädagogischen Grundberufen
- Berater: Steuerberater, Finanzberater
- Trainer
- Coachs
- Führungskräfte
- Mitarbeiter in Personalabteilungen
- Personal- und Betriebsräte
- Mitarbeiter in staatlichen Beratungs- und Unterstützungsstellen
- Mitarbeiter in privaten oder kirchlichen Hilfsorganisationen

Wichtige rechtliche Aspekte für den Mediator

Mediation kann Anwalt nicht ersetzen

Eine rechtliche Beratung ist nach dem Rechtsdienstleistungsgesetz Rechtsanwälten vorbehalten. Ein Mediator ohne diese Grundausbildung darf daher keinen Rechtsrat erteilen.

Umstritten ist, ob der Anwaltsmediator in der Mediation selber rechtliche Ausführungen machen soll. Häufig wird dieser Gedanke mit der Begründung verneint, dass jedwede rechtliche Beratung dem rechtlichen Anspruchsdenken verhaftet und damit nicht mehr neutral und allparteilich sei. Damit würde jede juristische Ausführung die Position des einen Medianden schwächen und die des anderen stärken.

Gleichzeitig kann das Recht jedoch auf der Suche nach einer interessengerechten Lösung als guter Maßstab gelten. In diesen Fällen sollten die Konfliktbeteiligten zu Beginn sowie während der Mediation, spätestens aber vor Unterzeichnung der Abschlussvereinbarung eine rechtliche Beratung in Anspruch nehmen. So können sie bewusst eine Entscheidung jenseits der Tatsache treffen, wie ein Gericht wohl entscheiden würde – dann fühlt sich hinterher niemand übervorteilt.

Prüfung durch externe Berater

Jeder Mediator muss die Parteien auf die Möglichkeit hinweisen, die Abschlussvereinbarung durch externe Berater überprüfen zu lassen – also die Vereinbarung, die das Ergebnis der Mediation festhält. Eine Verletzung dieser Hinweispflicht führt möglicherweise zu Schadenersatzansprüchen.

Oft betrifft diese Vereinbarung nämlich privatrechtliche, steuerliche oder auch gesellschaftsrechtliche Aspekte, die vor der Unterzeichnung von externen Fachleuten geprüft werden sollten. Viele Mediatoren nehmen diesen Hinweis als Verpflichtung der Medianden in die Mediationsvereinbarung auf. Besser ist es, sich hier noch stärker abzusichern, indem der Hinweis bereits in dem zu Beginn geschlossenen Mediationsvertrag steht, der von allen Beteiligten unterzeichnet wird (siehe im Kapitel „Beispiel für einen Mediationsvertrag").

Vertraulichkeit

In der Regel enthält schon der Mediationsvertrag den Grundsatz der Vertraulichkeit. Unter die damit einhergehende Verschwiegenheitspflicht fallen die Tatsache, dass die Mediation stattfindet, sowie die Inhalte und das Ergebnis der Mediation. Gleichzeitig umfasst sie alle Aspekte der Mediation, die im Laufe des Verfahrens erkannt oder offenbart werden.

> Egal ob die Vertraulichkeit ausdrücklich vereinbart wurde oder nicht: Sie ist für Mediation unabdingbar und gilt damit immer.

Auch das Mediationsgesetz regelt unabhängig vom Grundberuf für alle Mediatoren eine gesetzliche Schweigepflicht. Verletzt jemand diese Pflicht, so haftet er auf Schadenersatz. Daneben unterliegen viele Mediatoren abgeleitet aus ihrem ausgeübten Grundberuf eigenen berufsrechtlichen bzw. berufsständischen Schweigepflichten (z. B. Rechtsanwälte, Notare, Steuerberater, Psychologen, Richter, Schlichter).

Der Mediator wird sich nur dann einem Schadenersatzanspruch gegenübersehen, wenn er durch einen unterlassenen Hinweis (siehe „Prüfung durch externe Berater") oder die Verletzung der Vertraulichkeit einen Schaden ursächlich herbeigeführt hat.

Beispiel:

> Ein Wirtschaftsmediator gibt vertrauliche Informationen aus einer Mediation in einem Unternehmen nach außen weiter. Die Informationen sickern zum Konkurrenten des Medianden durch und ermöglichen es ihm, am Markt ein günstigeres Angebot als der Konkurrent zu platzieren. Die Verletzung der Vertraulichkeit hat also dazu geführt, dass ein Außenstehender zum Nachteil der an der Mediation Beteiligten einen Vorteil generieren konnte.

Für diese und ähnliche Fälle benötigt der Mediator eine Berufshaftpflichtversicherung.

Wenn Medianden nicht zahlen

Sollte der Mediator sich zahlungsunwilligen Medianden gegenübersehen, so dient der Mediationsvertrag als Grundlage für die Geltendmachung des Honoraranspruchs auf dem Rechtsweg. Es ist also sinnvoll, den Mediationsvertrag schriftlich zu schließen, damit es am Ende keinen Streit über die Berechtigung und Höhe des Honorars gibt.

Auf einen Blick: Rechtliche Grundlagen

- Das neue Mediationsgesetz stellt Mediation in Deutschland erstmalig auf eine gesetzliche Grundlage.

- Die Ausbildungsangebote für Mediatoren sind vielfältig und unübersichtlich. Das Mediationsgesetz präzisiert die Anforderungen an die Grundkenntnisse und Kernkompetenzen eines zertifizierten Mediators.

- Vor, während und nach der Mediation muss der Mediator rechtliche bzw. vertragliche Vorschriften einhalten bzw. sich entsprechend absichern.

Beispiel für einen Mediationsvertrag

Dieses Muster ist nur ein Beispiel, wie ein Mediationsvertrag aussehen kann. Es ist jeweils sehr individuell auf den Einzelfall anzupassen.

Mediationsvertrag

zwischen

... (Name, Adresse)

nachfolgend als Beteiligte/r A bezeichnet

und

... (Name, Adresse)

nachfolgend als Beteiligte/r B bezeichnet

sowie

Herrn/Frau ... – Mediator/in –

nachfolgend als Mediator bezeichnet.

Thema der Mediation

In der Mediation soll folgender Konflikt bearbeitet werden:

...

Das Ziel der Mediation ist die einvernehmliche Lösung des Konflikts im beiderseitigen Interesse.

1. Die Beteiligten sind bereit und verpflichten sich, außergerichtlich und selbstverantwortlich an einer für alle Beteiligten fairen und langfristig tragfähigen Vereinbarung zur Lösung des Konflikts mitzuwirken. Jeder Konfliktpartner vertritt seinen eigenen Standpunkt und erklärt sich bereit, auch den Standpunkt des anderen zu hören.

2. Den Beteiligten ist bekannt, dass der Mediator keine Entscheidungskompetenz hat. Seine Rolle ist es lediglich, alle Beteiligten im Prozess der Entscheidungsfindung zu unterstützen. Er ist für das Verfahren und die Strukturierung der Mediation verantwortlich, nicht für deren Ergebnis. Vorschläge und Empfehlungen des Mediators können von den Beteiligten jederzeit zurückgewiesen werden.

3. Die Beteiligten werden darauf hingewiesen, dass im Mediationsverfahren eine rechtliche oder psychologische Beratung durch den Mediator nicht stattfindet. Sie können aber jederzeit einen Rechtsanwalt ihrer Wahl konsultieren und sich von diesem beraten lassen. Der Rechtsanwalt eines Beteiligten kann an dem Verfahren teilnehmen, sofern der andere Beteiligte damit einverstanden ist. Vor Abschluss einer den Konflikt beendenden Vereinbarung wird den Konfliktpartnern empfohlen, diese mit einem Rechtsbeistand ihrer Wahl zu besprechen. Jeder Beteiligte ist allein und ausschließlich verantwortlich für alle Gebühren und sonstigen Aufwendungen, die ihm durch Beauftragung von Vertretern, zusätzlichen Beratern oder Sachverständigen entstehen.

4   Der Mediator verpflichtet sich, neutral und allparteilich zu sein. Er unterstützt die Beteiligten jederzeit in ihrem Bemühen um einvernehmliche Vereinbarungen.

5   Alle Konfliktpartner verpflichten sich, in der Mediation relevante Informationen offen zu legen. Die Mediation ist freiwillig. Jeder Konfliktpartner hat das Recht, die Mediation jederzeit abzubrechen.

6   Der Inhalt der Mediationsgespräche ist vertraulich. Die Konfliktpartner nehmen zur Kenntnis, dass alle Informationen, die der Mediator erhält, unter seine Verschwiegenheitsverpflichtung fallen. Die Konfliktpartner verpflichten sich, den Mediator in einem etwaigen anschließenden Gerichtsverfahren nicht als Zeugen zu benennen.

7   Der Mediator fertigt zu seiner eigenen Information Protokolle von jeder Mediationssitzung an. Es besteht für keine der Konfliktparteien und auch nicht für Dritte ein Einsichtsrecht. Für Dokumentationszwecke ist der Mediator ermächtigt, unter Veränderung aller vertraulichen Daten die Angelegenheit als Fall zu dokumentieren.

8   Der Mediator verpflichtet sich, keine Informationen, die ihm von einer Seite oder einem Vertreter zur Kenntnis gelangt sind, ohne dazu ausdrücklich aufgefordert worden zu sein, an die anderen Beteiligten oder deren Vertreter weiterzugeben.

9   Die Beteiligten verpflichten sich, alle Informationen, die sie in den Mediationssitzungen erhalten haben, vertraulich zu behandeln. Arbeitsdokumente, Protokolle etc. wer-

den sie nicht zum Nachteil der anderen Beteiligten verwenden. Insbesondere werden sie diese nicht in einer etwaigen späteren juristischen Auseinandersetzung verwenden.

10 Die Beteiligten verpflichten sich, nur zur Fristwahrung Klage zu erheben und alle Beteiligten sowie den Mediator hiervon umgehend in Kenntnis zu setzen. Während des Mediationsverfahrens verpflichten sich die Beteiligten, keine neuen gerichtlichen Schritte einzuleiten. Eine Ausnahme bildet die Wahrung einer Rechtsposition (z.B. Fristwahrung). Die Konfliktparteien verpflichten sich, bei anhängigen Verfahren das Gericht oder die staatliche Stelle (z.B. Hauptfürsorgestelle) über das Mediationsverfahren zu informieren und eine Unterbrechung des förmlichen Verfahrens bis zum Abschluss der Mediation zu beantragen.

11 Der Mediator kann die Mediation jederzeit abbrechen, wenn er den starken Verdacht hat, dass einer der Beteiligten nicht in gutem Glauben handelt und z.B. falsche oder unvollständige Informationen gibt, oder wenn er zu der Schlussfolgerung kommt, dass eine weitere Mediationssitzung dem Konfliktbearbeitungsprozess nicht mehr förderlich sein wird. Seine Gründe legt er offen.

12 Das Mediationsverfahren soll zügig durchgeführt werden. Alle Beteiligten verpflichten sich, Mediationsterminen oberste Priorität einzuräumen. Termine werden gemeinsam vereinbart. Der Mediator macht den Beteiligten Terminvorschläge.

13 Eine Mediationsstunde dauert 60 Minuten und wird mit ... Euro pro Stunde zzgl. Umsatzsteuer abgerechnet. Die Rechnungsstellung erfolgt grundsätzlich nach einer Sitzung. Werden Mediationstermine von einem der Beteiligten weniger als 48 Stunden vor dem jeweiligen Termin ohne wichtigen Grund abgesagt, übernimmt die absagende Partei die gesamten Kosten für diese Sitzung allein.

14 Die Beteiligten verpflichten sich – vorbehaltlich einer anderen Vereinbarung – das Mediationshonorar als Gesamtschuldner zu zahlen.

15 Jeder Beteiligte kann das Mediationsverfahren jederzeit ohne Angabe von Gründen einseitig beenden. Für diesen Fall verpflichten sich die Beteiligten jedoch, die bis zur Beendigung entstandenen Kosten des Mediators hälftig zu tragen.

16 Die Vereinbarung wird mit Erscheinen der Beteiligten zum ersten Termin wirksam.

Datum: ...

Unterschriften:

Im Rahmen einer Wirtschaftsmediation werden in der Regel zwei Verträge geschlossen:

1 Die Honorarvereinbarung mit dem Auftraggeber
2 Der Mediationsvertrag mit den Beteiligten

Wichtige Ansprechpartner

Deutsche Gesellschaft für Mediation (DGM)
Beethovenstr. 32, 58097 Hagen, www.dgm-web.de

Bundes-Arbeitsgemeinschaft für Familien-Mediation e.V. (BAFM)
Olivaer Platz 15, 10707 Berlin, www.bafm-mediation.de

Bundesverband Mediation in Wirtschaft und Arbeitswelt e.V. (BMWA)
Prinzregentenstr. 1, 86150 Augsburg, www.bmwa.de

Bundesverband MEDIATION e.V. (BM)
Kirchweg 80, 34119 Kassel, www.bmev.de

Ansprechpartner für das Thema der Mediation sind in den Bundesländern die berufsständischen Kammern, insbesondere

- Industrie- und Handelskammern,
- Handwerkskammern sowie
- Anwalts- und Notarkammern.

Dort werden auch Listen zertifizierter Mediatoren geführt. Daneben existieren vielfältige Vereine und Organisationen, die sich dem Thema der Mediation widmen.

Stichwortverzeichnis

Abschlussvereinbarung 44
Aktives Zuhören 94
Akzeptanz 91
Allparteilichkeit 47
Anpassung 105
Anwendungsgebiete 19
Ausreden lassen 54

Bedürfnisse 37
Beratung 89
Beziehungsebene 8

Coaching 90

Destruktiv 11, 104

Eigenverantwortung 49
Einzelgespräche 28, 76, 98
Emotionen 107
Ergebnisoffenheit 53
Erstgespräch 29
Erstkontakt 27

Fragetechniken 96
Freiwilligkeit 46, 82

Gerichtsverfahren 86
Gesprächstechniken 93
Grundprinzipien 45

Harvard-Konzept 36
Honorarvereinbarung 32

Ich-Botschaften 93
Informationssammlung 27
Informiertheit 51
Interesse 34
Interessenausgleich 34, 41
Interessenfindung 34
Interpersonal 6, 17
Intrapersonal 6, 17

Klagen 12
Körpersprache 97
Kompetenz 82, 93, 101
Kompromiss 106
Konflikt 6
Konfliktaustragung 11
Konfliktfelder 72
Konflikthandhabungsstrategien 103
Konflikttyp 103

Konstruktiv 11, 106
Kosten 31

Lösungsoptionen 40
Lose-lose-Situation 13

Machteinsatz 104
Machtungleichgewicht 62
Median 16
Mediandgesetz 110
Mediationsvereinbarung 31
Mediationsvertrag 29, 31
Mediationsvertrag, Muster 117
Mediator 16, 86
Mediator, Berufsbild des 111
Motivation 63, 64

Neutralität 47

Phasen 26
Position 34

Raum 28, 77
Rechtsanwälte 113
Reframing 97
Regeln 54
Richtermediator 18

Sachebene 7
Schiedsgerichtsverfahren 16, 87
Schlichtung 88
Stufenmodell 12
Supervision 90

Themensammlung 33
Therapie 89

Umsetzungsphase 45

Vermeidung 104
Vertraulichkeit 52, 56, 114
Vorphase 27

Wertschätzung 55
Win-lose-Situation 13
Win-win-Situation 13, 34
Wirtschaftsmediation 70

Zuhören 55
Zusammenfassen 95

Impressum

Bibliografische Information der Deutschen Nationalbibliothek
Die Deutsche Nationalbibliothek verzeichnet diese Publikation in der Deutschen Nationalbibliografie; detaillierte bibliografische Daten sind im Internet über http://www.d-nb.de abrufbar.

Print: ISBN: 978-3-648-02524-6 Bestell-Nr.: 00383-0001
ePub: ISBN: 978-3-648-02525-3 Bestell-Nr.: 00383-0100
ePDF: ISBN: 978-3-648-02526-0 Bestell-Nr.: 00383-0150

Katja Ihde
Mediation
1. Auflage 2012, Freiburg

© 2012, Haufe-Lexware GmbH & Co. KG, Munzinger Straße 9, 79111 Freiburg
Redaktionsanschrift: Fraunhoferstraße 5, 82152 Planegg/München
Telefon: (089) 895 17-0
Telefax: (089) 895 17-290
Internet: www.haufe.de
E-Mail: online@haufe.de
Redaktion: Jürgen Fischer

Konzeption und Realisation: Sylvia Rein, 81371 München
Lektorat: Nicole Jähnichen, Sylvia Rein
Satz: Beltz Bad Langensalza GmbH, 99947 Bad Langensalza
Umschlag: Kienle gestaltet, Stuttgart
Druck: freiburger graphische betriebe, 79108 Freiburg

Alle Angaben/Daten nach bestem Wissen, jedoch ohne Gewähr für Vollständigkeit und Richtigkeit.
Alle Rechte, auch die des auszugsweisen Nachdrucks, der fotomechanischen Wiedergabe (einschließlich Mikrokopie) sowie der Auswertung durch Datenbanken oder ähnliche Einrichtungen, vorbehalten.

Die Autorin

Katja Ihde

ist selbstständige Wirtschaftsmediatorin BMWA, Rechtsanwältin sowie Trainerin, Coach und Moderatorin in öffentlichen Institutionen, Dienstleistungsunternehmen und Industriebetrieben. Als Studiengangsleiterin der Hochschule Wismar ist sie zuständig für die Weiterbildungen zum/zur MediatorIn FH und Coach FH. Neben der Tätigkeit für verschiedene Aus- und Fortbildungsinstitute hat sie einen Lehrauftrag an der TU Dresden. Außerdem ist sie Geschäftsführerin der Wirtschaftsmediationskanzlei Ihde & Bangert in Düsseldorf.

Website: www.mediation-ihde.de; www.ihde-bangert.de

Weitere Literatur

„Konfliktmanagement", von A. Edmüller, 350 Seiten, EUR 24,80. ISBN 978-3-448-10122-5, Bestell-Nr. 04051

„Beraten, Trainieren, Coachen", von T. Saller, J. Sattler, L. Förster, 412 Seiten, Euro 29,80. ISBN 978-3-648-01858-3, Bestell-Nr. 00446

„Gesprächstechniken", von A. v. Kanitz und C. Scharlau. 256 Seiten. Euro 8,95. ISBN 978-3-648-02672-4, Bestell-Nr. 00359

In Gesprächen mehr erreichen

Gute Kommunikation ist authentische Kommunikation. In diesem Buch lernen Sie die wichtigsten Regeln und Techniken kennen, um in Gesprächen mehr zu erreichen. Zahlreiche Übungen bereiten Sie auch auf Gespräche mit Konfliktpotenzial vor.

€ 14,95 [D]
ca. 350 Seiten
ISBN 978-3-648-02500-0
Bestell-Nr. E00386

Jetzt bestellen!
www.haufe.de/bestellung
oder in Ihrer Buchhandlung

Tel. 0180-50 50 440; 0,14 €/Min. aus dem deutschen Festnetz;
max. 0,42 €/Min. mobil. Ein Service von dtms.

Mit Charisma beeindrucken

Finden Sie Ihren eigenen Weg zu einer selbstbewussten Persönlichkeit, die durch Stilsicherheit und Souveränität überzeugt. Hier erfahren Sie, wie es geht. Die Autoren zeigen Ihnen, wie Ihnen ein professioneller Auftritt auf dem Business-Parkett gelingt.

€ 14,95 [D]
ca. 350 Seiten
ISBN 978-3-648-02494-2
Bestell-Nr. E00388

Jetzt bestellen!
www.haufe.de/bestellung
oder in Ihrer Buchhandlung

Tel. 0180-50 50 440; 0,14 €/Min. aus dem deutschen Festnetz; max. 0,42 €/Min. mobil. Ein Service von dtms.

Haufe TaschenGuides
Kompakte Informationen zum kleinen Preis

⮕ Der Betrieb in Zahlen

- ABC des Finanz- und Rechnungswesens
- Balanced Scorecard
- Betriebswirtschaftliche Formeln
- Bilanzen
- BilMoG
- Buchführung
- Businessplan
- BWL Grundwissen
- BWL kompakt
- Controllinginstrumente
- Deckungsbeitragsrechnung
- Einnahmen-Überschussrechnung
- Englische Wirtschaftsbegriffe
- Finanz- und Liquiditätsplanung
- Finanzkennzahlen und Unternehmensbewertung
- Formelsammlung Betriebswirtschaft
- Formelsammlung Wirtschaftsmathematik
- IFRS
- Kaufmännisches Rechnen
- Kennzahlen
- Kontieren und buchen
- Kostenrechnung
- So funktioniert die Wirtschaft
- Statistik
- VWL Grundwissen

⮕ Mitarbeiter führen

- Besprechungen
- Delegieren
- Checkbuch für Führungskräfte
- Führungstechniken
- Die häufigsten Managementfehler
- Management
- Mitarbeitergespräche
- Moderation
- Motivation
- Neu als Chef
- Projektmanagement
- Qualitätsmanagement
- Spiele für Workshops und Seminare
- Teams führen
- Workshops
- Zielvereinbarungen und Jahresgespräche

⮕ Karriere

- Assessment Center
- Existenzgründung
- Gründungszuschuss
- Jobsuche und Bewerbung
- Vorstellungsgespräche

⮕ Geld und Specials

- Sichere Altersvorsorge
- Börse
- Energie sparen im Haushalt
- Geldanlage von A–Z
- Immobilien erwerben
- Immobilienfinanzierung
- Meine Ansprüche als Rentner
- Eher in Rente
- Web 2.0
- Zitate für Beruf und Karriere
- Zitate für besondere Anlässe

⮕ Persönliche Fähigkeiten

- Ihre Ausstrahlung
- Burnout
- Business-Knigge
- Mit Druck richtig umgehen
- Emotionale Intelligenz
- Entscheidungen treffen